Arabic Business Dictionary

Arabic
Business
Dictionary

Morry Sofer
General Editor
Adnane Ettayebi
Arabic Editor

Schreiber Publishing
Rockville, Maryland

Arabic Business Dictionary

Published by:

Schreiber Publishing
Post Office Box 4193
Rockville, MD 20849 USA
www.schreiberpublishing.com

Copyright © 2006 by Schreiber Publishing, Inc.
First printing

Library of Congress Cataloging-in-Publication Data

Arabic business dictionary / Morry Sofer, general editor ; Adnane Ettayebi, Arabic editor.
  p. cm.
 ISBN-13: 978-0-88400-322-9 (pbk.)
 ISBN-10: 0-88400-322-1 (pbk.)
 1. Business--Dictionaries. 2. Business--Dictionaries--Arabic. 3. English language--Dictionaries--Arabic. I. Sofer, Morry. II. Ettayebi, Adnane, 1969-

HF1001.A73 2006
650.03--dc22

2006013956

Printed in the United States of America

Introduction

Business language around the world in the twenty-first century is in a state of rapid change. This creates the need for new business dictionaries that are not tied to the past but rather reflect the new global economy. This is particularly true in regard to an English-Arabic business dictionary, which brings together two economic systems that are far from identical. As the new century unfolds, the Arabic-speaking world is struggling to take its place in the global economy, where, for the most part, English is the universal language, while Arabic is in the process of developing business terminology and such related terminology as computer terms.

The main corollary of this new reality is that even a new English-Arabic business dictionary is not going to be exhaustive and definitive. But at least it is a start. It is to be expected that such a dictionary will be updated at least once a year or every two years at the most.

Many of the English business terms in this dictionary are very American-specific. As such, they do not always have equivalent terms in Arabic and therefore are explained in some detail.

This dictionary covers many areas of business, such as banking, insurance, real estate, export-import, stock market, and more. In addition, several hundred business-related computer and Internet terms have been included.

Many of the Arabic business terms used today are directly copied from English. Some of the English business terms have both an Arabic term and an English term rendered phonetically in Arabic. The user of this dictionary is advised not to look upon all the Arabic terms herein included as cast in stone. Some may be questioned by business professionals in the Arab world. But it goes without saying that the need for this kind of dictionary is urgent and it should go a long way in contributing to better trade relations between English-speaking and Arabic-speaking business partners.

A

a priori statement
بيان استنتاج
abandonment
تنازل، تخلي
abandonment clause
بند تنازل، بند تخلي
abatement
تخفيف (ضرائب)، إسقاط (دعوى)
ABC method
تصنيف المواد حسب الأهمية
ability to pay
القدرة على الدفع
abort (*computer*)
إيقاف عملية (كمبيوتر)
above the line
فوق الخط (الضرائب والميزانية)
abrogate
إلغاء، إبطال، فسخ
absence rate, absenteeism
نسبة التغيُّب
absentee owner
مالك غائب
absolute advantage
امتياز مطلق
absolute liability
مسئولية مطلقة
absolute sale
بيع بموجب اتفاقية
absorbed
تحمُّل، استيعاب (مصاريف)، احتواء (شركة)،
absorption costing
حساب التكاليف التحميلي
absorption rate
نسبة الطاقة الاستيعابية
abstract of record
خلاصة الدعوى أو الإجراء
abstract of title
موجز تاريخ الملكية (موضوع البحث)
abusive tax shelter
تهرب ضريبي بإستخدام إعفاءات صريبية غير قانونية
accelerated cost recovery system (ACRS)
نظام مُعَجَّل لاسترجاع التكاليف
accelerated depreciation
نقص مُعَجَّل في القيمة
acceleration
تعجيل
acceleration clause
شرط تعجيل
accelerator, accelerator principle
مُعَجِّل، مبدأ مُعَجِّل
acceptance
قبول
acceptance sampling
انتقاء عيِّنة لتحديد القبول
access right
حق التوصل الفورى
access time
زمن التوصل الفوري للخازنة
access (*computer*)
توصل فورى (كمبيوتر)
accession
استدلال
accommodation endorser, maker or party
ضامن دين دون مقابل

accommodation paper
وثيقة ضمان الدين دون مقابل

accord and
satisfaction
تسوية دين (عادة بالاتفاق على
مبلغ أقل من مبلغ الدين
الأصلي)

account
حساب

account executive
موظف مسئول عن حساب

account number
رقم حساب

account statement
كشف حساب

accountability
مسئولية، مطالبة، خصوم

accountancy
نظرية وتطبيق المحاسبة

accountant
محاسب

accountant 's opinion
رأي المحاسب

accounting change
تغيير في المحاسبة

accounting cycle
دورة محاسبية

accounting equation
معادلة محاسبية

accounting error
خطأ محاسبي

accounting method
طريقة محاسبية

accounting period
فترة محاسبية

accounting principles,
accounting standards
مبادئ المحاسبة، معايير
المحاسبة

accounting procedure
إجراء محاسبي

accounting rate of
return
حساب نسبة العائدات

accounting records
سجلات المحاسبة

accounting software
برامج منتظمة للمحاسبة، برامج
كمبيوتر للمحاسبة

accounting system
نظام المحاسبة

accounts payable
حسابات دائنة/ ذمم دائنة

accounts payable
ledger
سجل الحسابات الدائنة

accounts receivable
حسابات مدينة/ ذمم مدينة

accounts receivable
financing
تمويل الحسابات المدينة

accounts receivable
ledger
سجل حسابات المدينة

accredited investor
مستثمر معتمد

accretion
ارتفاع

accrual method
المحاسبة على أساس الاستحقاق

accrue
تراكم

accrued interest
فائدة مستحقة

accrued liabilities
التزامات مستحقة

accrued taxes
الضرائب المتراكمة

accumulated depletion
الاستنزاف المتراكم

accumulated depreciation
الإهلاك المتراكم

accumulated dividend
حصص أرباح متجمعة

accumulated earnings tax or accumulated profits
ضرائب علي متجمع الارباح أو أرباح متجمعة

acid test ratio
نسبة التداول، نسبة السداد السريع

acknowledgment
إقرار أو إيصال

acquisition
امتلاك/ اقتناء

acquisition cost
تكلفة الامتلاك/ الاقتناء

acre
فدان

acreage
مساحة أرض بالفدادين

across the board
شامل، للجميع علي السواء

act of bankruptcy
عملية إفلاس

act of god
قضاء وقدر

activate (computer)
تمكين (كمبيوتر)

activate a file (computer)
تمكين ملف (كمبيوتر)

activate a macro (computer)
تمكين وحدة ماكرو (كمبيوتر)

active cell (computer)
خلية مُمَكَّنة (كمبيوتر)

active income
دخل كسب العمل

active market
سوق نشط

actual cash value
القيمة المالية الحقيقية

actual cost
التكلفة الحقيقية

actual damages
الأضرار الحقيقية

actuarial science
علم التأمينات

actuary
مخمن، خبير حسابات التأمين

ad infinitum
لا حد له، إلى ما لا نهاية له

ad item
يسير إلى هدف واحد؛ يؤدي إلى نفس النتيجة

ad valorem
حسب القيمة

addendum
إضافة، زيادة، ملحق

additional first-year depreciation (tax)
إهلاك إضافي في السنة الأولى (ضرائب)

additional mark-on
هامش ربح إضافي

additional paid-in capital
رأس المال المدفوع الإضافي

add-on interest
الفائدة المضافة

adequacy of coverage
كفاية التغطية

adhesion contract
عقد إذعان

adhesion insurance contract
عقد تأمين مُلزم

adjective law
قانون الإجراءات

adjoining
متاخم، مجاور

adjudication
مناقصة، مزاد، حكم

adjustable life
insurance
تأمين على الحياة شروطه قابلة
للتعديل

adjustable margin
(*computer*)
هامش قابل للتعديل (كمبيوتر)

adjustable mortgage
loan (AML)
قرض عقاري قابل للتعديل

adjustable-rate
mortgage (ARM)
قرض عقاري بمعدل فائدة قابل
للتعديل

adjusted basis or
adjusted tax basis
الأساس المعدل، أو أساس
الضريبة المعدل

adjusted gross income
إجمالي الدخل المعدل

adjuster
خبير تسوية مطالبات التأمين،
مقرر، خبير مصرف

adjusting entry
قيد تسوية

administer
أدار، دبر

administered price
سعر موجه؛ سعر احتكاري
(تفرضه الحكومة)

administrative
expense
مصاريف إدارية

administrative
law
قانون إداري

administrative
management society
جمعية إدارية

administrative services
only (ASO)
خدمات إدارية فقط

administrator
مدير؛ وصي على تركة، إداري

administrator's deed
تعهد القيّم بالمحافظة على
التركة

advance
سلفة، دفعة مقدمة، قرض
مصرفي

advanced funded
pension plan
نظام تقاعد ممول مقدماً

adversary
خصم، عدو

adverse opinion
رأي معارض

adverse possession
حيازة واقع

advertising
إعلان، نشر

advertising
appropriation
اعتماد الإعلانات

affective behavior
السلوك العاطفي، السلوك
الوجداني

affidavit
إقرار كتابى مُصدق أمام
موظف مسؤول

affiliated chain
سلسلة متاجر (بيع بالتجزئة)
منضمة

affiliated company
شركة تابعة

affiliated retailer
تاجر تجزئة تابع

affirmative action
عمل توكيدي

affirmative relief
إعانة مقررة (إيجابية)

after market
السوق الثانوية، خارج السوق،
بعد الإقفال

after-acquired clause
شرط شمول ضمان القرض
لأية ممتلكات يشتريها المقترض
بعد توقيعه اتفاقية القرض

after-acquired property
ممتلكات مستجدة

after-tax basis
أساس مقارنة العائد بعد
الضريبة

after-tax cash flow
التدفق النقدي بعد الضريبة

after-tax real rate of return
معدل العائد الحقيقي بعد
الضريبة

against the box
بضمان الصندوق

age discrimination
تمييز بحسب السن

agency
وكالة، مؤسسة

agency by necessity
وكالة بحكم الضرورة

agent
وكيل، ممثل، عامل

agglomeration
تكتل، كتلة

agglomeration diseconomies
مضار اقتصادية تكتلية

aggregate demand
الطلب الكلي

aggregate income
الدخل الكلي

aggregate indemnity (aggregate limit)
إجمالي التعويض في التأمين
(الحد الأقصى الكلي)

aggregate supply
العرض الكلي

aging of accounts receivable or aging schedule
تعمير الذمم المدينة (حسب
تواريخ نشوء مفرداتها) أو
الجدول الزمني لحسابات القبض

agreement
اتفاقية؛ اتفاق؛ عقد؛ تفاهم

agreement of sale
عقد بيع

agribusiness
العمل الزراعي

air bill of lading
وثيقة شحن جوي

air rights
حقوق الجو

airfreight
شحن جوي

aleatory contract
عقد غرر، عقد له صفة
المخاطرة

alien corporation
شركة أجنبية

alienation
تصرف، تحويل، نقل ملكية

alimony
نفقة شرعية

all risk/all peril
كافة الأخطار

allegation
ادعاء، موضوع الدعوى،
وسيلة الدفاع

allocate

يخصص، يوزع، يقسم

allocated benefits

أرباح موزعة؛ أرباح مخصصة

allocation of resources

توزيع الموارد

allodial

(التملك) الحر أو التملك المطلق غير المشروط

allodial system

نظام التملك الحر (لأراضى مثلاً دون أي التزام إقطاعي)

allowance

علاوة؛ بدل؛ إعانة؛ احتياطي؛ مخصص

allowance for depreciation

مخصص الإهلاك

allowed time

الوقت المسموح به

alternate coding key (alt key) (*computer*)

مفتاح الرمز البديل

alternative hypothesis

افتراض بديل

alternative minimum tax

ضريبة دنيا بديلة

alternative mortgage instrument (AMI)

أداة رهن بديلة، سند رهن بديل

amass

يكدس؛ يجمع

amend

يعدل؛ يصلح؛ يصحح، تعديل

amended tax return

كشف ضريبي معدل؛ إقرار ضريبي معدل

amenities

مرافق؛ حاجات عامة؛ حاجات أساسية

American Stock Exchange (AMEX)

البورصة الأمريكية(ثاني أكبر سوق منظمة للأوراق المالية في الولايات المتحدة بعد بورصة نيويورك)

amortization

استهلاك (الديون أو الأسهم)

amortization schedule

الجدول الزمني للسداد؛ برنامج السداد

analysis

تحليل

analysis of variance (ANOVA)

تحليل التباين

analysts

محللون

analytic process

عملية تحليلية

analytical review

عرض تحليلي

anchor tenant

مستأجر رئيسي في متجر تسوق

animate (*computer*)

متحرك، نابض بالحركة والنشاط

annexation

ملحق؛ إلحاق؛ ضم

annual basis

مسانهة؛ أساس سنوي

annual debt service

خدمة الدين السنوي

annual earnings

إيرادات سنوية

annual meeting

اجتماع سنوي

annual mortgage constant
نسبة الخدمة السنوية للدين إلى أصل الدين

annual percentage rate (APR)
السعر معبر عنه كنسبة مئوية

annual renewable term insurance
تأمين سنوي قابل للتجديد

annual report
تقرير سنوي

annual wage
أجر سنوي

annualized rate
معدل سنوي؛ سعر سنوي (محتسب على أساس سنوي)

annuitant
صاحب دخل أو مرتب سنوي

annuity
دخل سنوي؛ إيراد سنوي؛ دفعة سنوية

annuity due
دفعة سنوية مستحقة (تؤدى في بداية الفترة)

annuity factor
العامل المستخدم لتحديد الدفع السنوي

annuity in advance
دفعة تؤدى في أول كل سنة

annuity in arrears
دفعة متأخرة

answer
إجابة؛ رد؛ دفاع

anticipated holding period
الفترة المتوقعة للاحتفاظ (بأصل من الأصول)

anticipatory breach
خرق شروط العقد قبل بدء سريانه

antitrust acts
أعمال مقاومة للاحتكار

antitrust laws
قوانين مكافحة الاحتكار

apparent authority
سلطة ظاهرة

appeal bond
تعهد بالدفع حسب الحكم الأصلي بالإضافة الي نفقات الإستئناف

appellate court (appeals court)
محكمة استئناف

applet *(computer)*
برنامج محدود يؤدي مهمة واحدة

application of funds
استخدام الأموال المعتمدة

application program *(computer)*
برنامج تطبيقي (كمبيوتر)

application software *(computer)*
برمجيات تطبيقية (كمبيوتر)

application window *(computer)*
نافذة تطبيقية (كمبيوتر)

applied economics
اقتصاد تطبيقي

applied overhead
نفقات ثابتة تحمّل علي الانتاج

applied research
البحوث التطبيقية

apportionment
تقسيم؛ تخصيص

appraisal
تثمين؛ تقدير؛ تقييم؛ تقويم

appraisal rights
حقوق التثمين

appraise
يقدر ؛ يقيم
appraiser
مُثمن؛ مُقيم؛ مُقدر
appreciate
ترتفع القيمة (يُقدر)
appreciation
ارتفاع قيمة المال (بدون جهد من المالك)؛ تقدير ؛ تقييم
appropriate
يخصص؛ يعتمد؛ مناسب؛ لازم؛ مختص
appropriated expenditure
مصروفات معتمدة
appropriation
تخصيص؛ تملك؛ توزيع؛ اعتماد
approved list
القائمة المعتمدة
appurtenant
تابع، إضافي، ملحق
appurtenant structures
هياكل تابعة
arbiter
محكم؛ وسيط؛ موازن
arbitrage
موازنة سعر الصرف؛ تحكيم؛ مراجحة
arbitrage bond
سند موازنة، سند مراجحة
arbitration
تحكيم؛ تسوية المنازعات
arbitrator
مُحكم؛ حكم
archive storage
مخزن السجلات
arm's length transaction
تعامل الغرباء؛ تعامل قائم على التنافس الحر
array
نسق، تشكيلة، صفيف
arrearage
تأخير ؛ رصيد مدين
arrears
متأخرات
articles of incorporation
عقد تأسيس الشركة
artificial intelligence (AI)
ذكاء اصطناعي
as is
كما هو ؛ على حالته؛ بحالته الراهنة
asked
مطلوب
asking price
سعر العرض؛ سعر البيع المطلوب
assemblage
تجميع؛ تركيب
assembly line
خط تجميع
assembly plant
مصنع تجميع
assess
يُقدر ؛ يُقيم؛ يُثمن؛ يربط (الضريبة)
assessed valuation
تقدير ضريبي؛ قيمة الممتلكات لأغراض الضريبة
assessment
تقييم؛ تثمين؛ تقدير ؛ تقدير الضريبة؛ فرض الضريبة؛ ربط الضريبة
assessment of deficiency
تقدير العجز

assessment ratio
نسبة التقييم؛ نسبة القيمة التقديرية إلى القيمة السوقية

assessment role
الشرائح الضريبية

assessor
مُقدر (الضريبة)؛ مُثمن

asset
أصول، موجودات، بند من الأصول

asset depreciation range (ADR)
مجال اهتلاك الأصول

assign
يعهد، يخصص، يتنازل، يُخصص، أسند، فوض

assignee
المتنازل له، المحال له، المستفيد

assignment
تخصيص، تنازل، حوالة، نقل ملكية

assignment of income
تخصيص الدخل

assignment of lease
التنازل عن عقد الإيجار

assignor
المُتنازل، المحيل

assimilation
استيعاب، تماثل، تماثلية

association
جمعية، اتحاد، رابطة، مؤسسة، شركة

assumption of mortgage
أيلولة مسؤولية السداد إلى طرف آخر لدى بيع الممتلكات المرهونة ضماناً للقرض

asterisk *(computer)*
رمز النجمة (كمبيوتر)

asynchronous
غير متزامن، غير متواقت

at par
بالقيمة الاسمية، بسعر التعادل

at risk
معرض للمخاطر، تكتنفه مخاطر الخسارة

at the close
بأفضل سعر إقفال

at the opening
بأفضل سعر فتح

attachment
حجز، رهن حيازي، حجز على مال (بمقتضى أمر وقائي) إرفاق

attained age
سن البلوغ، سن الرشد

attention
عناية، رعاية، اهتمام

attention line
سطر الانتباه (في خطاب رسمي، أو على مظروف موجه لهيئة يوضح المرسل إليه)

attest
شهد، قرر، صدّق على

attorney-at-law
محام، وكيل دعاوي معتمد

attorney-in-fact
وكيل حقيقي، وكيل رسمي

attribute sampling
اختيار العينات المنسوبة

attrition
استنزاف، تناقص

auction or auction sale
مزاد، مزايدة، أو بيع بالمزاد العلني

audience
مقابلة رسمية، جمهور،

audit
راجع، فحص، دقق، تدقيق أو فحص الحسابات، مراجعة

audit program
برنامج المراجعة

audit trail
خط سير المراجعة
auditing standards
معايير المراجعة
auditor
مدقق مراجعات، فاحص
حسابات
auditor's certificate
شهادة مدقق الحسابات
auditor's certificate,
opinion or report
شهادة، تقرير، رأي مدقق
الحسابات
authentication
تصديق، توثيق، المصادقة على
صحة (توقيع أو وثيقة)
authorized shares or
authorized stock
الأسهم المصرح بها، أو عدد
الأسهم المصرح بإصدارها
automatic (fiscal)
stabilizers
مثبتات (مالية) تلقائية
automatic checkoff
الاستقطاع التلقائي لاشتراكات
النقابة من الأجور
automatic
merchandising
تصريف البضاعة التلقائي،
المتاجرة التلقائية

automatic
reinvestment
إعادة الاستثمار تلقائياً
automatic withdrawal
السحب التلقائي (من حصيلة
القرض)
auxiliary file
(computer)
ملف ثانوي، ملف مساعد
average
معدل، متوسط، عوارية، تلف،
خسارة بحرية
average (daily)
balance
المتوسط اليومي للرصيد
average cost
معدل التكلفة، متوسط التكلفة
average down
متوسط هابط
average fixed cost
متوسط التكلفة الثابتة
average tax rate
متوسط نسبة الضريبة
avoirdupois
نظام الموازين التجارية
الأنجلوساكسونية
avulsion
انهيار الذمة

B

baby bond
سند ضئيل القيمة

baby boomers
مواليد (الزيادة المفاجئة بعد الحرب العالمية الثانية)

back haul
الرجوع بالشحنة

back office
قسم الخدمات في دار سمسرة (الولايات المتحدة)

back pay
راتب متأخر

back up (*computer*)
احتياطي، مساعد

back up withholding
اقتطاع ضريبي احتياطي

backdating
تحرير بتاريخ سابق، أثر رجعي

background check
فحص خلفية

background investigation
بحث عام، بحث مساند

backlog
متأخرات، تراكمات، تراكم الطلبات التي لم تنفذ

backslash (*computer*)
الحركة الارتجاعية (كمبيوتر)

backspace key (*computer*)
مفتاح التحرك إلى الخلف (كمبيوتر)

backup file (*computer*)
ملف احتياطي، ملف إضافي (كمبيوتر)

backward vertical integration
تكامل رأسي خلفي، التكامل الخلفي لمصادر المواد الأولية

backward-bending supply curve
منحنى العرض المنحدر خلفياً

bad debt
دين معدوم، دين هالك

bad debt recovery
استرداد او تحصيل الديون المعدومة

bad debt reserve
احتياطي الديون المعدومة

bad title
سند ملكية ناقص، عقد ملكية مشكوك فيه

bail bond
سند كفالة، صكّ كفالة، تعهد موقع من الكفيل

bailee
المودع لديه، المؤتمن، حافظ الوديعة

bailment
إيداع، وديعة

bait and switch advertising
إعلان خادع (أسلوب مخالف للقانون يستخدمه بائع ما لإغراء العملاء على شراء منتج ما بسعر أعلى)

bait and switch pricing
تسعير خادع أو كاذب

balance
ميزان، رصيد، توازن

balance of payments
ميزان المدفوعات

balance of trade
الميزان التجاري

balance sheet
ميزانية عمومية

balance sheet reserve
احتياطات الميزانية العمومية

balanced mutual fund
صندوق استثمار متوازن

balloon payment
دفعة نهائية أكبر من الدفعات السابقة

ballot
اقتراع سري، تصويت، سحب، بالة صغيرة

bandwidth
عرض النطاق الترددى

bank
مصرف، بنك

bank holding company
شركة مصرفية قابضة، شركة مالكة لأكثر من مصرف

bank line
خط ائتمان مصرفي

bank trust department
إدارة أمناء الاستثمار في مصرف

banker's acceptance
قبول مصرفي،

bankruptcy
إفلاس

bar
حاجز، حاجز الجلسة، رفض قبول ادعاء قضائي، المحاماة

bar code
مميّز كود الخطوط المتوازية

bar code label
(computer)
علامة شفرة الخطوط العمودية

bargain and sale
عقد بيع بدون ضمان صحة سند الملكية

bargain hunter
متصيد الأوراق المنخفضة الأسعار لبيعها عند ارتفاع ثمنها

bargaining agent
وكيل مفاوضة، وكيل تفاوض للعمال

bargaining unit
اتحاد عمال مختص بالتفاوض في حقوقهم، جماعة عمال للمساومة

barometer
مؤشر أحوال السوق والاقتصاد، مقياس عام

barter
مقايضة، مبادلة

base period
فترة الأساس، فترة المقارنة

base rate pay
معدل الأجر الأساسي

base rent
الإيجار خلال الفترة الأساسية

base-year analysis
تحليل مقارنة بسنة الأساس

basic input-output system (BIOS)
(computer)
نظام المدخلات-المخرجات الأساسي

basic limits of liability
الحدود الأساسية للخصم

basic module
(computer)
وحدة أساسية

basic operating system
(computer)
نظام التشغيل الأساسي

basis
قاعدة، أساس، نظام

basis point
نقطة الأساس

batch application (computer)
التطبيق على مراحل متعددة

batch file (computer)
ملف يحتوي على سلسلة أوامر

batch processing
معالجة الدفعات أو بالمجموعات

battery
بطارية، مجموعة، دفعة

baud
بود (وحدة لقياس سرعة البت)

baud rate (computer)
معدل البود

bear
مضارب على النزول

bear hug
حضنة مغرية، عرض مغر لشراء شركة مستهدفة لا يُحتمل رفضه من المساهمين فيها

bear market
سوق هابطة، أو متراجعة الأسعار سوق المضاربين

bear raid
غارة نزولية (لحمل الأسعار على الهبوط)، هجمة المضاربين على النزول

bearer bond
سند لحامله

before-tax cash flow
التدفق النقدي قبل خصم الضريبة

bellwether
مؤشر اتجاهات السوق

below par
أقل من القيمة الاسمية

benchmark
أساس المقارنة، مقياس فعلي

beneficial interest
حصة ملكية في صندوق استثمار عقاري، حصة الطرف المستفيد

beneficial owner
صاحب حق الانتفاع

beneficiary
المستفيد، المنتفع

benefit
منفعة، فائدة، ميزة تأمينية، ربح

benefit principle
مبدأ أو نظام المنافع

benefit-based pension plan
نظام تقاعد قائم على المزايا التأمينية

benefits, fringe
منافع إضافية

bequeath
يوصي، يورث بوصية

bequest
إرث بوصية، هبة، وصية

best's rating
تقييم مؤسسة بست لسلامة المركز المالي لشركات التأمين

beta coefficient
معامل بيتا، مقياس درجة حساسية ورقة مالية

betterment
تحسين، تحسين العقار، قيمة مضافة

biannual
نصف سنوي

bid and asked
العرض والطلب

bid bond
تأمين العطاء، خطاب ضمان ابتدائي

bidding up
المزايدة

biennial
مرة كل سنتين، سنتان

big board
اللوحة الكبيرة، بورصة
نيويورك

big-ticket items
سلع باهظة الثمن

bilateral contact
عقد ثنائي

bilateral mistake
خطأ ثنائي

bill
قائمة حساب، كشف حساب،
خطاب، مذكرة، مستند،
كمبيالة، ورقة نقد مصرفية،
فاتورة، عريضة دعوى،
مشروع قانون، قانون، حكم،
وثيقة

bill of exchange
كمبيالة، سفتجة

bill of landing
وثيقة شحن، سند شحن،
بوليصة شحن

billing cycle
دورة إعداد الفاتورة، أو تحرير
قائمة الحساب

binder
عربون، ارتباط، اتفاقية ملزمة،
عقد مبدئي

bit error rate
(computer)
معدل خطأ النبضات، معدل
خطأ الأرقام الثنائية

bit map *(computer)*
خريطة (جدول) بتات

black list
القائمة السوداء

black market
السوق السوداء

blank cell
(computer)
خلية خالية

blanket contract
عقد شامل

blanket insurance
تأمين شامل

blanket mortgage
رهن شامل

blanket recommendation
توصية عامة

bleed
يستنزف، يبتز

blended rate
سعر فائدة وسط

blended value
قيمة وسط، أو مختلطة

blighted area
منطقة منكوبة

blind pool
صندوق استثمار يتقاسم
المساهمون عائده ولكن لا
يشاركون في قرار إدارته

blind trust
ائتمان مطلق، ثقة عمياء (منح
المؤتمن لأمين الاستثمار
صلاحية كاملة بأن يتولى
الاستثمار نيابة عنه وحسب
تقديره)

blister packaging
تغليف باستخدام البلاستيك
يسمح للزبون برؤية المحتوى

block
كمية كبيرة، دفعة، مجموعة

block policy
سياسة المجموعة

block sampling
معاينة الكميات الكبيرة أو الدفعات

blockbuster
برنامج إذاعي يحقق رواجا أكبر مما كان متوقعا للمنتجات المعلن عنها أثناء البرنامج

blockbusting
أسلوب استغلال (بإقناع الملاك بالبيع بسعر منخفض خشية القيمة المتناقصة للممتلكات)، ناجح

blowout
عرض أوراق مالية رائجة

blue collar
عامل يدوي، عامل من ذوي الياقات الزرقاء

blue laws
قوانين أخلاقية

blue-chip stock
أسهم الشركات الممتازة

blueprint
مخطط، مستند تصميم

blue-sky law
تشريعات منظِمة لبيع وإصدار الأوراق المالية تستهدف حماية المستثمرين من الأوراق المزورة والعقيمة

board of directors
مجلس الإدارة

board of equalization
مجلس التسوية

boardroom
قاعة إعلان أو تحديد الأسعار، قاعة اجتماعات المجلس

boilerplate
شروط موحدة (في اتفاقية قرض أو عقد تأمين)

bona fide
بحسن نية، بأمانة

bona fide purchaser
مشتري صادق

bond
سند، إذن، ورقة مالية، كفالة

bond broker
سمسار سندات

bond discount
خصم السند، الخصم من سعر السند الاسمي

bond premium
علاوة سند، إصدار سند بأعلى من قيمته الاسمية

bond rating
تصنيف السندات

bonded debt
دين مضمون بسند، دين سندي

bonded goods
بضائع في مستودع جمركي

book
سجل، دفتر

book inventory
جرد حسابي، جرد دفتري

book value
القيمة الدفترية، أو المحاسبية

book-entry securities
أوراق مالية مقيدة بالدفاتر

bookkeeper
كاتب حسابات

bookmark (*computer*)
إشارة، علامة (في نص كتابي)، عنوان موقع على الإنترنت (كمبيوتر)

boondoggle
يضلل، يبدد الجهد، مشروع حكومي محفز سياسياً

boot
علاوة موازنة

boot (*computer*)
إقلاع

boot record (*computer*)
سجل الإقلاع (كمبيوتر)

borrowed reserve
احتياطات مقترضة

borrowing power of
securities
سلطة اقتراض الأوراق المالية

bottom
قاع، أدنى سعر، قاعدة، غاطس
السفينة

bottom fisher
متصيد الأوراق عندما تنخفض
أسعارها

bottom line
المحصلة النهائية

Boulewarism
خرق لقانون الاتحادات العمالية
يتمثل في طرح عروض غير
قابلة للمناقشة من قبل إدارة
شركة مباشرة لأعضاء اتحاد
عمالي، مستغنية بذلك عن
الاتحاد.

boycott
مقاطعة

bracket creep
زحف من شريحة إلى أخرى

brainstorming
الانطلاق الفكري، إثارة
الأفكار، الاستحثاث (التفكير
الخلاق)

branch office manager
مدير المكتب الفرعي

brand
علامة تجارية، علامة مميزة

brand association
ارتباط الاسم التجاري بتصنيف
المنتج

brand development
تطوير العلامة التجارية

brand development
index (BDI)
مؤشر تطوير العلامة التجارية

brand extension
اتساع نطاق الاسم التجاري

brand image
الصورة الذهنية عن الصنف

brand loyalty
الإخلاص (التمسك بـ) سلة
مميزة

brand manager
مدير الصنف

brand name
اسم تجاري

brand potential index
(BPI)
المؤشر المحتمل للعلامة
التجارية

brand share
أموال المستهلك التي ينفقها على
علامة تجارية معينة

breach
مخالفة، انتهاك، نقض، إخلال

breach of contract
مخالفة أحكام العقد، الإخلال
بالعقد

breach of warranty
إخلال بكفالة، إخلال بضمان

breadwinner
عائل الأسرة

break
قطع، كسر، انتهاك، ثغرة،
انهيار

break-even analysis
تحليل التعادل

break-even point
نقطة التعادل، عتبة الربح، نقطة
لا مكتب ولا خسارة

breakup
حلّ، فضّ، فسخ

bridge loan
قرض مكمل

brightness (computer)
السطوع، الإشراق

broken lot
كمية كسرية

broker
سمسار، وسيط

broker loan rate
سعر الفائدة على قروض السمسار

brokerage
سمسرة، عمولة السمسرة

brokerage allowance
بدل سمسرة

browser (computer)
متصفح

bucket shop
مكتب مضاربة

budget
ميزانية، ميزانية

budget mortgage
رهن عقاري مع التزامات الطرف الثالث

buffer stock
المخزون السلعي

building code
كود البناء

building line
حد البناء أو المبنى

building loan agreement
عقد قرض بناء

building permit
رخصة بناء

built-in stabilizer
مثبت تلقائي للاقتصاد، عامل استقرار داخلي

bull
مضارب بالصعود

bull market
سوق أو بورصة متجهة آلي الصعود، سوق نشطة

bulletin
نشرة

bulletin board system (BBS)
نظام لوحة الإعلانات

bunching
تجميع، ترزيم

bundle-of-rights theory
نظرية حزمة الحقوق (توضح كيفية اعتبار حقوق الملكية، وإمكانية أطراف عدة تملك ملكية واحدة في آن واحد، مثل الزوج والزوجة)

burden of proof
عبء الإثبات، مهمة الإثبات

bureau
مكتب، إدارة، قسم

bureaucrat
بيروقراطي

burnout
انتهاء فترة إعفاء ضريبي

business (adj)
تجاري

business (n)
مهنة، عمل تجاري، مؤسسة تجارية

business combination
دمج المشاريع، أعمال تجارية موحدة

business conditions
الشروط أو الأحوال التجارية

business cycle
دورة التجارة، دورة الاقتصاد

business day
يوم عمل

business ethics
أخلاقيات الأعمال التجارية

business etiquette
آداب التجارة، قواعد السلوك في مجال الأعمال

business interruption
توقف المشروع

business reply card
الكرت الرسمي للرد

business reply envelope
الكرت الرسمي للرد

business reply mail
البريد الرسمي للرد

business risk exclusion
استبعاد مخاطر العمل

business-to-business adverting
الإعلان بين الشركات

bust-up acquisition
تملك باعث على الإفلاس

buy
يشتري، شراء

buy down
أموال يدفعها الفرد لخفض الدفعات الشهرية المستحقة للإيجار وغيره

buy in
لجوء المشتري إلى الشراء من طرف آخر إذا قصر البائع الأصلي في تسليم البضاعة

buy order
طلب شراء

buy-and-sell agreement
اتفاقية بيع وشراء

buy-back agreement
اتفاقية إعادة شراء

buyer
المشتري

buyer behavior
سلوك المشتري، تصرف المشتري

buyer's market
سوق المشترين

buying on margin
الشراء على الحساب

buyout
يشتري، يشترى حصة شريك

buy-sell agreement
اتفاقية بيع وشراء

buzz words
عبارات رنانة

by the book
شراء كل الأسهم بالسعر الجاري

bylaws
النظام الداخلي، اللائحة الداخلية

bypass trust
اتحاد احتكاري لخفض الضرائب العقارية

by-product
منتج ثانوي

C

C&F
التكلفة والشحن
cable transfer
تحويل برقي
cache
مخبأ، إخفاء
cache
(computer)
مخفي، مخبئ
cadastre
خريطة مساحية
cafeteria benefit plan
برنامج يسمح للعاملين بإختيار المزايا الاضافية التي تخدم مصالحهم
calendar year
السنة الميلادية
call
دعوة لسداد رأس المال، يسدد، استدعاء، طلب دفع اكتتاب، خيار شراء
call feature
حق الاستدعاء
call option
حق الخيار في الشراء، علاوة شراء، عقد اختيار شراء
call premium
علاوة استدعاء
call price
سعر استدعاء السند
call report
تقرير يقدمه بنك عن مركزه المالي إلى مراقب البنوك
callable
تحت الطلب، ممكن الاستدعاء
cancel
يلغي (ديناً)، يبطل، يسحب (طلب قبل تنفيذه)
cancellation clause
شرط الإلغاء
cancellation provision clause
شرط حكم الإلغاء
capacity
طاقة، مقدرة، سعة
capital
رأس المال
capital account
حساب رأس المال
capital assets
أصول رأسمالية
capital budget
موازنة رأسمالية
capital consumption allowance
احتياطي استهلاك رأس المال الإنتاجي
capital contributed in excess of par value
رأس المال المساهم به المتجاوز القيمة الاسمية
capital expenditure
المصروفات (النفقات) الرأسمالية
capital formation
تكوين رؤوس الأموال، التكوين الرأسمالي، تكوين رأس المال
capital gain (loss)
مكسب، ربح (خسارة) رأس المال
capital goods
سلع رأسمالية، سلع إنتاجية
capital improvement
نمو رأس المال

capital investment
استثمار رأس المال، توظيف
رؤوس الأموال

capital intensive
كثيف رأس المال

capital lease
الإيجار الرأسمالي، الإيجار
طويل الأجل لمعدات رأسمالية
أو إنتاجية

capital loss
خسارة رأسمالية

capital market
سوق رأس المال

capital nature flight
الهروب الطبيعي لرأس المال

capital rationing
ترشيد رأس المال

capital
 requirement
متطلبات رأس المال

capital resource
موارد رأسمالية

capital stock
أسهم رأس المال

capital structure
هيكل رأس المال

capital surplus
فائض رأسمالي

capital turnover
معدل دوران رأس المال

capitalism
الرأسمالية

capitalization rate
معدل الرسملة

capitalize
يحول إلى رأسمال، يرسمل

capitalized value
القيمة المرسملة

caps
الأحرف الكبيرة

capslock key
(computer)
مفتاح لكتابة الأحرف الكبيرة
(كمبيوتر)

captive finance
 company
شركة تمويل حكر، شركة تابعة
تمول مشتريات استهلاكية من
الشركة الأم

cargo
سفينة شحن، شاحنة، شحنة،
حمولة

cargo insurance
تأمين على الشحنة

carload rate
متوسط حمولة العربة

carrier
ناقل، شركة نقل، ناقلة

carrier's lien
حق الشركة الناقلة في الحجز
علي البضاعة المنقولة ضمانا
للدفع

carrot and stick
العصا والجزرة

carryback
خسارة مرتجعة

carrying charge
مصاريف نقل حساب المركز
من شهر لآخر

carryover
ترحيل، تأجيل، مصاريف
الترحيل، ترحيل العجز

cartage
أجرة نقل

cartel
اتحاد منتجين، كارتل

case-study method
طريقة دراسة الحالة

cash
خزينة، صندوق، نقود، نقدًا، نقد
سائل

cash acknowledgement
إشعار باستلام مبلغ نقدي

cash basis
مبدأ القيد أولاً بأول في حـ/
الصندوق، الأساس النقدي

cash budget
تقدير السيولة النقدية، الموازنة
النقدية، الميزانية التقديرية
النقدية

cash buyer
المشتري نقداً

cash cow
مُدر لدخل كبير

cash discount
خصم نقدي، خصم تعجيل الدفع

cash disbursement
الدفع نقداً، دفعة نقداً

cash dividend
حصة أرباح نقدية

cash earnings
مكاسب نقدية

cash equivalence
تكافؤ نقدي

cash flow
التدفق النقدي

cash market
سوق العاجل، سوق النقود
الحاضرة

cash on delivery (COD)
الدفع عند التسليم، تسليم مقابل
الدفع

cash order
أمر بالدفع نقدا

cash payment journal
دفتر يومية المدفوعات النقدية

cash position
وضع السيولة، مركز
الصندوق، نقدية بالصندوق

cash ratio
نسبة السيولة، نسبة الاحتياطي
النقدي

cash register
دفتر الصندوق، آلة تسجيل
النقود

cash reserve
الاحتياطي النقدي

cash surrender value
قيمة استرداد نقدي، القيمة
النقدية لاسترداد بوليصة التأمين

cashbook
دفتر النقدية

cashier
صراف، أمين الصندوق

cashier's check
شيك مصرفي، حوالة مصرفي

casual laborer
عامل مؤقت

casuality insurance
تأمين ضد الحوادث، ضد
الكوارث

casuality loss
خسائر عارضة، ـ ناجمة عن
كوارث

catastrophe hazard
خطر الكوارث

catastrophe policy
بوليصة تأمين ضد الكوارث

cats and dogs
أوراق مالية عقيمة وشديدة
المخاطر

cause of action
سبب الدعوى

CD-writer/CD-burner (computer)
قرص مضغوط قابل لإعادة
التسجيل (كمبيوتر)

cell definition ***(computer)***
تعريف الخلية (كمبيوتر)
cell format ***(computer)***
تنسيق الخلية (كمبيوتر)
censure
لوم، توبيخ
central bank
البنك المركزي
central business district (CBD)
منطقة تجارة مركزية
central buying
شراء مركزي
central planning
تخطيط مركزي
central processing unit (CPU) ***(computer)***
وحدة المعالجة المركزية (كمبيوتر)
central tendency
الاتجاه المركزي
centralization
المركزية
certificate of deposit (CD)
شهادة إيداع
certificate of incorporation
شهادة تأسيس الشركة
certificate of occupancy
شهادة حيازة
certificate of title
شهادة ملكية
certificate of use
شهادة استخدام
certification
تصديق، توثيق، مصادقة
certified check
شيك معتمد، شيك مقبول الدفع
certified financial statement
بيان مالي معتمد
certified mail
بريد مسجل
chain feeding
تغذية سلسلة متاجر بالسلع
chain of command
تسلسل السلطات، خط السلطة
chain store
متاجر متعددة الفروع
chairman of the board
رئيس مجلس الإدارة
chancery
مكتب المحفوظات، المحكمة العليا
change
عملة صغيرة، فكة، كامبية، بورصة
change of beneficiary provision
تغيير شرط المستفيد
channel of distribution
قناة توزيع، اتصال
channel of sales
مجرى المبيعات، قناة المبيعات
character
خُلق، طبع، سمعة
character ***(computer)***
رمز، حرف
charge
رسم، رهن، حمّل الحساب، أخضع للضريبة، قيد رهنًا
charge buyer
مشتر على الحساب
chart
رسم بياني
chart ***(computer)***
رسم بياني، مخطط (كمبيوتر)
chart of accounts
جدول بياني للحسابات

charter
استئجار سفينة أو وسيلة نقل، ميثاق، مرسوم تأسيس شركة

chartist
محلل مالي بواسطة الرسوم البيانية، رسام خرائط

chat forum *(computer)*
منتدى الدردشة (كمبيوتر)

chattel
أموال منقولة، منقولات

chattel mortgage
رهن مال منقول، سندات بضمان ممتلكات شخصية

chattle paper
أوراق منقولة

check
مراجعة، فحص، تدقيق

check digit
رقم التدقيق أو حد الاختبار

check protector
الحامي من التزوير

check register
سجل الشيكات

check stub
كعب الشيكات

check-kiting
سحب الشيكات للإيهام بحركة السحب

chief executive officer
المدير العام

chief financial officer
مسئول أو مدير مالي

chief operating officer
مسئول أو مدير تشغيل

child and dependent care credit
ائتمان رعاية الأطفال والعالة

chi-square test
اختبار كي-تربيع

chose in action
حق معنوي

churning
تضخم الحساب

CIF
التكلفة شاملة التأمين والشحن

cipher
الشفرة

circuit
دائرة، محيط

circuit board
لوح الدائرة

circuit board *(computer)*
لوح الدائرة (كمبيوتر)

civil law
القانون المدني

civil liability
مسئولية مدنية

civil penalty
العقوبة أو الجزاء المدني

claim
ادعاء، مطالبة، حق، دين، تعويض

class
طبقة، فئة، صفة

class action, b shares
دعوى متعددة المُدعين، حصة ب (أحد أنواع صناديق حصص الاستثمار)

classification
تصنيف، تبويب

classified stock
أسهم مصنفة

clause
شرط، فقرة، بند، أحكام قانون، نص اتفاقية

clean
نظيف، بدون تحفظات، بلا ضمان، بلا عمولة

clean hands
أيد نظيفة

cleanup fund
صندوق التسوية

clear
خالي من القيود والأعباء،
يصرح بدخول بضاعة، يُسدد

clear title
حق ملكية خالص

clearance sale
بيع تصفية

clearinghouse
غرفة مقاصة

clerical error
غلطة نسخ

clerk
كاتب، موظف، مستخدم

client
عميل، زبون، متعامل

clipboard *(computer)*
اللوح المشبكي (كمبيوتر)

close
يغلق، يقفل، الإقفال (بورصة)،
سعر الإقفال (بورصة)، إتمام

close corporation plan
نظام الشركة المقفلة (أسهمها
غير معروضة للاكتتاب العام)

close out
تصفية، مأزق مالي، ينهي، بيع
تصفية

closed account
حساب مغلق

closed economy
اقتصاد مغلق

closed stock
بضائع محدودة

closed-end mortgage
رهن عقاري مغلق

closed-end mutual fund
شركة استثمار مغلقة

closely held corporation
شركة لعدد محدود من
مساهميها حق التصويت

closing
إقفال، إتمام الصفقة، تصفية

closing agreement
اتفاقية تسوية

closing cost
تكاليف إتمام (تسوية) الصفقة

closing date
تاريخ (التسوية) الإقفال

closing entry
قيد ختامي

closing inventory
مخزون آخر المدة

closing price or **closing quote**
سعر الإقفال

closing statement
البيان الختامي

cloud on title
شكوك حول حق الملكية

cluster analysis
تحليل المجموعات

cluster housing
إسكان يتكون من مجموعة
مساكن

cluster sample
عينة المجموعة

cluster sampling
إختيار العينات من مجموعات

code
مجموعة قوانين، مدونة قانونية،
شفرة، مجموعة رموز

code of ethics
قواعد السلوك المهني

codicil
ملحق اتفاقية أو معاهدة أو
وصية

coding of accounts
تشفير (ترميز) الحسابات

coefficient of
determination
معامل التحديد

coinsurance
الاشتراك في التأمين، تأمين
مشترك

collateral assignment
تخصيص تعويض الوفاة لدائن
كضمان لقرض

cold canvass
عملية الاتصال بالمشترين
المحتملين في منطقة ما بقصد
الالحاح عليهم لشراء منتجات
البائع

collapsible
corporation
شركة آيلة للانهيار

collateral
ضمان سداد القرض، ضمان
إضافي، رهن

collateralize
يضمن السداد

collateralized
mortgage obligation
(CMO)
التزامات بضمان رهن عقاري

colleague
زميل في العمل، زميلة

collectible
قابل للتحصيل، واجب التحصيل

collection
تحصيل، تجميع، مجموعة

collection ratio
نسبة التحصيل

collective bargaining
مساومة جماعية

collusion
تواطؤ

collusive oligopoly
احتكار قلة يتسم بالتواطؤ

column chart/graph
(computer)
خريطة أعمدة بيانية (كمبيوتر)

combinations
توافيق، اندماج

comfort letter
خطاب توصيه بمنح قرض
مصرفي

command
أمر مباشر، طلب

command economy
اقتصاد موجه

commencement of
coverage
بدء التغطية

commercial
تجاري

commercial bank
بنك تجاري

commercial blanket
bond
ضمان شامل يغطي صاحب
العمل يشتمل على توفير الحد
الأقصى للتغطية لأى خسارة
تحدث بصرف النظر عن عدد
العاملين المتضررين

commercial
broker
سمسار تجاري

commercial credit
insurance
ضمان الائتمان التجاري

commercial forgery
policy
بوليصة تأمين ضد الغش
(التزوير) التجاري

commercial forms
بوالص تأمين تغطي مخاطر
العمل المختلفة

commercial health
insurance
التأمين الصحي التجاري

commercial
law
القانون التجاري

commercial loan
قرض تجاري

commercial paper
أوراق تجارية

commercial property
ملكية تجارية

commercial property
policy
سياسة الملكية التجارية

commingling of funds
خلط الاستثمارات أو تجميعها

commission
عمولة، لجنة، هيئة

commission broker
سمسار بالعمولة، سمسار وكيل

commitment
تعهد، التزام، ارتباط

commitment free
دون تعهد أو ارتباط

commodities futures
مستقبل السلع

commodity
سلعة

commodity cartel
اتحاد منتجي سلعة، كارتل
سلعي

common area
منطقة مشتركة

common carrier
متعهد نقل عام

common disaster
clause or
survivorship clause
شرط الكوارث العادية، أو شرط
البقاء على قيد الحياة

common elements
مقومات مشتركة

common law
قانون عام

common stock
أسهم عادية

common stock
equivalent
معادل السهم العادي

common stock fund
صندوق الاستثمار في أسهم
عادية

common stock ratio
نسبة قيمة الأسهم العادية إلى
مجموع رأس المال

communications
network
شبكة الاتصالات

communism
الشيوعية

community association
اسم عام يطلق علي أى منظمة
للملاك للإشراف علي مصالح
خاصة

community property
ملك مشترك بين الزوجين

commutation right
حق التسوية

commuter
مسافر يومي (بانتظام من
المنزل إلى العمل)

commuter tax
ضريبة دخل تفرضها البلدية
على من يعمل بها ولكن لا يقيم
فيها

co-mortgagor
رهن مشترك

company
شركة

company benefits
المزايا التي تقدمها الشركة إلى
موظفيها

company car
سيارة الشركة

company union
نقابة الشركة، نقابة عمال
الشركة

comparable worth
القيمة المقارنة

comparables
أشياء مضاهية أو متشابهة

comparison shopping
تسوق بالمقارنة

comparative financial
statements
بيانات مالية مقارنة، ميزانيات
مقارنة

comparative
negligence
إهمال مقارن

compensating
balance
رصيد مكافئ، الرصيد
المعوض

compensating error
خطأ مكافئ

compensation
تعويض، مكافأة، مقاصة

compensatory stock
options
خيار التعويض على شكل أسهم

compensatory
time
وقت التعويض

competent party
طرف ذو أهلية، مؤهل، مختص

competition
منافسة، تنافس

competitive bid
عطاء تنافسي

competitive party
الطرف المنافس

competitive party
method
طريقة الطرف المنافس

competitive strategy
الاستراتيجية التنافسية

competitor
منافس

compilation
جمع، تجميع، تأليف

compiler
برنامج مترجم، المترجم
الإلكتروني , مجمّع

complete capital
structure
هيكل رأس المال الكامل

complete audit
مراجعة شاملة للحسابات

completed contract
method
طريقة العقد المُنفذ، طريقة
محاسبة المشروع بعد استكماله
أو إنجازه

completed operations
insurance
تأمين العمليات المنجزة

completion bond
ضمان إنجاز

complex trust
صندوق استثمار مركب

compliance audit
تدقيق للتحقق من مراعاة شروط
العقد

compliant
مراع، مذعن

component part
جزء مركب

composite
depreciation
الاستهلاك (العام) المركب

composition

صلح ودي، تصالح واق من الإفلاس، تسوية، تركيب

compound growth rate

معدل نمو مركب

compound interest

فائدة مركبة

compound journal entry

قيد اليومية المركب

comprehensive annual financial report (CAFR)

التقرير المالي السنوي الشامل

comprehensive insurance

التأمين الشامل

compress (computer)

يضغط (عملية اختزال الأشياء)

comptroller

مراقب الحسابات، مراقب مالي

compulsory arbitration

تحكيم إجباري

compulsory insurance

تأمين إلزامي

compulsory retirement

تقاعد إلزامي

computer

الحاسب الآلي، كمبيوتر

computer-aided (computer)

(شيء ما يتم) باستخدام الحاسب الآلي (كمبيوتر)

concealment

إخفاء

concentration banking

مركزية العمليات المصرفية

concept test

اختبار المفهوم السلعي أو التسويقي، اختبار المفاهيم

concern

منشأة، مؤسسة، محل تجاري، عمل تجاري

concession

امتياز، تنازل

conciliation

توفيق، مصالحة

conciliator

الموفق

condemnation

نزع ملكية مع التعويض للمتضرر، إدانة

condition precedent

شرط مسبق، شرط واقف

condition subsequent

شرط تالي

conditional contract

عقد مشروط

conditional sale

بيع مشروط

conditional-use permit

تصريح الانتفاع المشروط

conference call

دعوة المؤتمر

confidence game

التلاعب بالثقة

confidence interval

فترة الثقة

confidence level

مستوى الثقة

confidential

سري، خاص، ودي

confirmation

تأكيد، تثبيت، تأييد

conflict of interest

تضارب المصالح

conformed copy

صورة طبق الأصل

confusion

فوضى، ارتباك

conglomerate

شركات متعددة الأنشطة،
مؤسسة متكاملة النشاط

conservatism,
   conservative

محافظة، مذهب المحافظين،
محافظ، متحفظ، تحفظي

consideration

اعتبار، مقابل وفاء بكمبيالة،
عوض، تقدير مالي

consignee

المرسل إليه، متسلم البضاعة

consignment
   insurance

تأمين الإرسال, تأمين الوديعة

consignor

مرسل البضاعة، المودع

consignment

إرسالية، بضاعة أمانة، شحن

consistency

تناسق، اتساق

console

طرفية للتحكم

consolidated financial
   statement

بيان مالي موحد

consolidated tax
   return

كشف ضريبي موحد

consolidation loan

قرض موحد

consolidator

مُوفق، شركة أو مؤسسة تقوم
بتجميع البضائع

consortium

كونسورتيوم، اتحاد شركات،
تجمع دائنين

constant

ثابت، دائم، منتظم، مستمر

constant dollars

القيمة الثابتة للدولار

constant-payment loan

قرض الدفعة الفورية الثابتة

constituent company

شركة مؤسسة، تأسيسية

constraining (limiting)
   factor

العامل (المحدد) المقيد

construction loan

قرض بناء

constructive notice

إشعار قانوني كاف

constructive receipt of
income

الاستلام الضمني للدخل

consultant

مستشار، استشاري

consumer

مستهلك

consumer behavior

سلوك المستهلك

consumer goods

السلع الاستهلاكية

consumer price index
(CPI)

الرقم القياس لأسعار المستهلكين

consumer protection

حماية المستهلك

consumer research

بحث الاستهلاك، دراسة
رغبات المستهلكين

consumerism

النهج الاستهلاكي

consumption function

علاقة ثابته بين مستوى
الاستهلاك ومستوى الدخل

container ship

سفينة أوعية الشحن

contestable clause

شرط المتنافس

contingency fund
صندوق الطوارئ
contingency planning
وضع خطة الطوارئ
contingency table
جدول التوافق
contingent fee
أتعاب ورسوم مشروطة
contingent liability
التزام عرضي، التزام احتمالي
contingent liability
(vicarious liability)
(التزام متحمل نيابة عن
الآخرين)
continuing education
تعليم مستمر
continuity
استمرارية، صلة
continuous audit
المراجعة المستمرة
continuous process
عملية مستمرة
continuous
production
الإنتاج المستمر
contra-asset
account
حساب الأصول المقابل
contract
عقد
contract carrier
ناقل بعقد
contract of
indemnity
عقد تعويض
contract price
(tax)
(ضريبة) السعر المنصوص
عليه في العقد
contract rate
سعر فائدة العقد

contract rent
إيجار حسب العقد
contraction
انقباض، انكماش، تقلص
contractor
مقاول، متعاقد، متعهد
contrarian
مستثمر شاذ يتصرف خلافاً
للاتجاه العام للمستثمرين
الآخرين
contrast
(computer)
تباين، اختلاف (في تعرف
الرموز البصرية) (كمبيوتر)
contribution
مساهمة، تبرع
contribution profit,
margin
هامش ربح المساهمين
contributory
negligence
إهمال مشترك
contributory pension
plan
نظام المعاش التقاعدي
الإسهامي
control
مراقبة، رقابة، ضبط، تحكم،
تنظيم
control account
حساب المراقبة
control key (ctrl)
(computer)
مفتاح التحكم (كمبيوتر)
controllable costs
التكاليف الخاضعة للرقابة أو
القابلة للتحكم
controlled company
شركة تابعة
controlled economy
اقتصاد موجه

controller
مراقب الحسابات

controlling interest
حصة مسيطرة، حصة غالبة
(تزيد على 51% من رأس
المال)

convenience
    sampling
إختيار العينات الميسرة، أو
المريحة

conventional
    mortgage
قرض رهن غير مؤمن عليه

conversion
استبدال، تبديل، تحويل

conversion cost
تكلفة التحويل

conversion factor for
    employee
    contributions
معامل التحويل لمساهمات
العاملين

conversion parity
السعر التعادلي التحويلي

conversion price
سعر التحويل

conversion ratio
نسبة التحويل

convertible term life
    insurance
تأمين على الحياة لأجل قابل
للتحويل

convertibles
سندات قابلة للتحويل (إلى
أسهم)، السندات والأسهم
الممتازة القابلة للتحويل إلى
أسهم عادية

convey
نقل، حول، تنازل

conveyance
نقل الملكية (من شخص لآخر)

cooling-off period
فترة تسكين، هدنة مصالحة

co-op
تعاوني

cooperative
تعاوني

cooperative
    advertising
إعلان تعاوني

cooperative
    apartment
شقة تعاونية، شقة إسكان
تعاوني

copy-protected
    (computer)
نسخة محمية (كمبيوتر)

copyright
حق الطباعة أو حق النشر

cornering the market
احتكار السوق، استئثار بالسوق

corporate bond
سند شركة، سند تجاري

corporate campaign
حملة الشركة

corporate equivalent
    yield
العائد المتكافئ للشركات

corporate strategic
    planning
التخطيط الاستراتيجي للشركات

corporate
    structure
هيكل الشركة

corporate veil
ستار الشركة

corporation
شركة، مؤسسة، شخصية
اعتبارية، هيئة عامة

corporeal
عيني، مادي

corpus
أصل الاستثمار، أصل سند الاستثمار، رأس مال شركة أو مجموعة شركات ائتمانية، ممتلكات شركة

correction
تصحيح

correlation coefficient
معامل الارتباط

correspondent
مراسل

corrupted
فاسد

corrupted *(computer)*
تالف (كمبيوتر)

cosign
يشترك في التوقيع

cost
التكلفة

cost accounting
محاسبة التكاليف

cost application
تدبير التكاليف

cost approach
طريقة التكاليف

cost basis
أساس التكاليف

cost center
مركز التكاليف

cost containment
احتواء التكاليف

cost method
طريقة، أسلوب التكاليف

cost objective
هدف التكاليف

cost of capital
تكلفة رأس المال

cost of carry
تكلفة النقل

cost of goods manufactured
تكلفة السلع المصنعة

cost of goods sold
تكلفة السلع المباعة

cost overrun
تجاوز التكاليف

cost records
سجلات التكاليف

cost-benefit analysis
تحليل منفعة التكاليف

cost-effectiveness
فعالية تقدير التكاليف، فعالية التكاليف

cost-of-living adjustment (COLA)
تسوية تكلفة المعيشة،

cost-push inflation
تضخم ناشئ عن ارتفاع التكاليف

co-tenancy
إيجار مشترك

cost-plus contract
عقد مرابحة عقد على أساس التكلفة يضاف إليها مبلغ مقطوع أو نسبة مئوية من التكاليف كربح

cottage industry
الصناعات الصغيرة، الصناعات الريفية، الصناعة الحرفية

counsel
مستشار قانوني، استشارة، نصيحة، مشورة

counterclaim
طلب مقابل، دعوى مضادة

countercycical policy
سياسة مضادة للتقلبات الاقتصادية، سياسة معاكسة للدورة الاقتصادية

counterfeit

يزور، يزيف، مزيف

countermand

أبطل, فسخ , نقض

counteroffer

عرض مقابل

coupon bond

سند لحامله، سند كوبون

court of record

محكمة ملزمة بالإحتفاظ بسجل يكل الدعاوى القضائية ومحاضر الجلسات والأحكام

covariance

التباين المشترك

covenant

عهد، ميثاق، اتفاق

covenant not to compete

تعهد بعدم المنافسة

cover

غطاء، تغطية، ضمان، رهن

covered option

عقد خيار مغطى

cracker

جهاز التكسير أو التقطير الهدام (بترول)

craft union

نقابة حرفية

crash

انهيار، هبوط حاد ومفاجئ في أسعار السوق وقيم الأوراق المالية

crash (computer)

توقف (مؤقت في التشغيل بسبب اختلال التشغيل في الجهاز أو خطأ البرمجيات) (كمبيوتر)

credit requirements

المتطلبات الائتمانية، الائتمان المطلوب

creative black book

كتاب القائمة السوداء المبدع

creative financing

التمويل الخلاق

credit

ائتمان، رصيد دائن، قرض، اعتماد

credit analyst

محلل ائتمان، خبير تحليل ائتمان

credit balance

رصيد دائن

credit bureau

مكتب معلومات ائتمانية

credit card

بطاقة ائتمان

credit order

طلب ائتمان

credit rating

تقدير الجدارة الائتمانية، تحديد المركز الائتماني للعميل

credit risk

مخاطر الائتمان

credit union

اتحاد ائتماني، اتحاد تسليف

creditor

دائن

creeping inflation

تضخم متزايد

critical path method (CPM)

طريقة المسار الحرج

critical region

منطقة حرجة

crop

محصول

crop (computer)

مجموعة أشياء، كمية كبيرة

cross

متقاطع، مسطر، مشتق، تقاطع

cross merchandising

المتاجرة المتداخلة

cross purchase plan
نظام الشراء الثابت
cross tabulation
تبويب مزدوج
cross-footing
مراجعة تدقيقية
crowd
صعّد، رفع
crowding out
إبعاد، إقصاء عن السوق (شيء) بأعداد كبيرة
crown jewels
مجوهرات نفيسة
crown loan
قرض تحت الطلب يمنح لأولاد أو والدى المقرضين
cum dividend, cum rights or cum warrant
شاملاً حصص الأرباح، أو شاملاً حقوق الاكتتاب، أو شاملاً الضمان
cumulative dividend
أرباح تراكمية، حصة ربح تراكمية
cumulative liability
خصوم تراكمية
cumulative preferred stock
أسهم ممتازة مجمعة الأرباح
cumulative voting
تصويت تراكمي
curable depreciation
انخفاض قوة العملة الشرائية قابل للمعالجة
currency futures
عقود آجلة بعملات رئيسية
currency in circulation
عملة متداولة
current
متداول، جار، سار، حالي، سائد
current asset
أصل جاري، أصل الحالي
current assumption whole life insurance
أيلولة التأمين مدى الحياة
current cost
التكلفة الحالية
current dollars
قيمة الدولار في ضوء الأسعار الراهنة أثناء الشراء، تكلفة الأصول في ضوء أسعار اليوم
current liabilities
الخصوم الجارية، أو المتداولة
current market value
القيمة السوقية الجارية
current ratio
النسبة الجارية، نسبة السيولة
current value accounting
المحاسبة على أساس القيمة
current yield
العائد الجاري
cursor
مؤشر
cursor *(computer)*
المؤشرة، الدالة (كمبيوتر)
curtailment in pension plan
خفض في نظام المعاش
courtesy
نصيب الرجل في تركة زوجته
curtilage
ساحة، فناء الدار
custodial account
حساب وصاية أو عهدة، حساب يفتحه الأب لأبنه القاصر
custodian
أمين عهدة أو قيم

custody

وصاية، حفظ، إيداع، حبس

customer profile

دراسة العملاء

customer

عميل، زبون

customer service

خدمة العملاء

customer service representative

مندوب خدمة العملاء

customs

جمرك، رسوم جمركية، مكوس

customs court

محكمة الجمارك

cutoff point

نقطة انتهاء أهلية الحصول على تمويل من البنك الدولي، نقطة فاصلة

cyberspace (computer)

الفضاء الإلكتروني (كمبيوتر)

cycle billing

المطالبة الدورية

cyclic variation

التغاير الدوري ، التباين الدوري

cyclical demand

طلب دوري

cyclical industry

صناعة مرتبطة بالدورات الاقتصادية

cyclical stock

الأسهم الدورية، سلع موسمية، مخزون دوري

cyclical unemployment

بطالة دورية

D

daily trading limit
حد التعامل اليومي

daisy chain
حلقة متواطئين في عمليات
مضاربة

damages
أضرار، تعويضات عن أضرار

data
معطيات، بيانات

data collection
(computer)
جمع البيانات

data maintenance
(computer)
الحفاظ على البيانات

data processing
insurance
تأمين معالجة البيانات

data retrieval
(computer)
سحب البيانات، استرداد
البيانات

data transmission
(computer)
نقل، إرسال البيانات

database
قاعدة بيانات

database management
إدارة قاعدة البيانات

date of issue
تاريخ الإصدار

date of record
تاريخ التسجيل

dating
تحديد موعد، تحديد أجل
الاستحقاق، مؤرخ في

de facto corporation
شركة بحكم الواقع، جمعية
فعلية

dead stock
مخزون راكد، بضاعة معدومة

dead time
وقت ضائع، وقت التوقف

deadbeat
متأخر عن السداد، متهرب من
الدفع

dead-end job
وظيفة لا مجال فيها للترقية

deadhead
عربة غير محملة، عامل خامل

deadline
الموعد النهائي

dealer
تاجر، سمسار أوراق مالية،
موزع، متعامل

death benefit
تعويض الوفاة

debasement
بخس القيمة، تخفيض نقاوة
عملة معدنية

debenture
سند قرض، سند تجاري إقرار
بمديونية

debit
يقيد على الحساب، يخصم،
مدين

debit memorandum
إشعار مدين، مذكرة مدينة

debt
دين

debt coverage ratio
نسبة تغطية الديون

debt instrument
أداة دين، سند المديونية

debt retirement
سداد الدين، الوفاء بالدين

debt security
ضمان الدين، سند الدين

debt service
خدمة الدين

debtor
مدين

debt-to-equity ratio
نسبة الدين إلى الأسهم

debug
(computer)
يستعرض، يتفقد

decentralization
اللامركزية

deceptive advertising
دعاية كاذبة، دعاية مضللة

deceptive packaging
تعبئة زائفة

decision model
نموذج اتخاذ القرار

decision package
حزمة قرارات

decision support
system (DSS)
نظام دعم القرار

decision tree
شجرة اتخاذ القرار، شجرة
القرارات

declaration
إقرار، إعلان، بيان

declaration of
estimated tax
بيان الضريبة المقدرة

declaration of trust
إقرار ائتمان

declare
يصرح، يعلن، يقر

declining-balance
method
طريقة الرصيد المتناقص
(لحساب الاستهلاك)

decryption (computer)
فك رموز الشفرة (كمبيوتر)

dedicated line
خط مكرس لغرض معين

dedication
وقف، تكريس، تخصيص

deductibility of
employee
contributions
استقطاع إسهامات العاملين

deduction
خصم، استقطاع، استنباط،
استنتاج، استدلال

deductive reasoning
استقراء استنتاجي

deed
صك، عقد، حجة ملكية

deed in lieu of
foreclosure
حجة ملكية بدلاً من نزع الملكية

deed of trust
عقد مضمون، عقد استئمان

deed restriction
تقييد العقد

deep discount bond
سند يباع بخصم كبير

defalcation
اختلاس

default
إهمال، تقصير، تخلف، توقف
عن الدفع

default (computer)
القيمة الفرضية، الأساسية،
المبدئية (كمبيوتر)

default judgment
حكم غيابي

defeasance
فسخ، إبطال، إلغاء
defective
معيب، به عيب
defective title
حق ملكية ناقص
defendant
مدعي عليه، مشكو في حقه
defense of suit against insured
دفاع الدعوى ضد المؤمن عليه
defensive securities
أوراق مالية حصينة
deferred account
حساب مؤجل السداد أو التسوية
deferred billing
مطالبة مؤجلة
deferred charge
نفقات مؤجلة، مصاريف مؤجلة
deferred compensation
تعويض مؤجل التسوية
deferred compensation plan
نظام تعويض مؤجل التسوية
deferred contribution plan
نظام المساهمة المؤجلة التسوية
deferred credit
ائتمان مؤجل السداد، دين مؤجل، قيد دائن مؤجل
deferred group annuity
دفعة سنوية مؤجلة
deferred interest bond
سندات مؤجلة الفوائد
deferred maintenance
صيانة مؤجلة
deferred payments
دفعات مؤجلة
deferred profit-sharing
تقاسم مؤجل للأرباح

deferred retirement
سداد مؤجل
deferred retirement credit
ائتمان التقاعد المؤجل
deferred wage increase
زيادة الأجور المؤجلة
deferred-payment annuity
سناهية مؤجلة الدفع
deficiency
عجز، عدم كفاية، قصور
deficiency judgment
قرار المحكمة بتفويض المقرض بتحصيل الدين من الرهن
deficiency letter
خطاب تسوية العجز
deficit
عجز
deficit financing
تمويل بالعجز، تمويل المصروفات العامة بالاقتراض، تمويل عجز الميزانية
deficit net worth
قيمة صافية سالبة، عجز قيمة صافي الأصول أو حقوق المساهمين
deficit spending
إنفاق بالعجز، إنفاق عجزي
defined contribution pension plan
نظام المعاشات بالمساهمة المحددة
defined-benefit pension plan
نظام المعاشات محددة المزايا
deflation
انكماش

deflator
معامل الانكماش

defunct company
شركة بائدة

degression
هبوط تدريجي، ميل للهبوط

deindustrialization
تدهور التصنيع، هروب
الصناعة من منطقة إلى أخرى،

delegate
مفوض، مندوب، ممثل

delete *(computer)*
يشطب، يحذف

delete key (del)
(computer))
مفتاح الشطب، الحذف

delinquency
المتأخرات، العجز عن الوفاء
بالالتزام في حينه

delinquent
متأخر، مستحق ولم يدفع،
منحرف السلوك

delisting
تعليق أو إنهاء التعامل في أسهم
بالبورصة، إلغاء تسجيل أسهم
في البورصة

delivery
تسليم، توصيل، تنفيذ

delivery date
تاريخ التسليم

demand
الطلب

demand curve
منحنى الطلب

demand deposit
وديعة تحت الطلب

demand loan
قرض تحت الطلب

demand note
سند إذني يدفع عند الطلب،
كمبيالة عند الطلب

demand price
سعر الطلب

demand schedule
جدول الطلب

demand-pull inflation
تضخم ناشئ عن زيادة الطلب

demarketing
سحب بضاعة أو أوراق مالية
من السوق

demised premises
ممتلكات مؤجرة

demographics
سكاني، خاص بعلم السكان،
ديمغرافي

demolition
تخريب، هدم

demonetization
إلغاء عملة، إبطال نقود، سحب
عملة من التداول

demoralize
يضعف معنويات، يربك، يفسد
أخلاق

demurrage
رسم أرضية

demurrer
اعتراض قانوني

denomination
تسمية، فئة أوراق النقد أو
الأوراق المالية، قيمة اسمية

density
كثافة

density zoning
تقسيم إلى مناطق خاضع للكثافة

department
إدارة، قسم، مصلحة،

dependent
تابع، خاضع، عالة على غيره

dependent coverage
تغطية غير مستقلة

depletion
نفاد، نضوب، استنفاد

deposit
إيداع، وديعة، تأمين
deposit administration plan
نظام إدارة الودائع
deposit in transit
إيداع في الطريق
deposition
شهادة خطية مقرونة بقسم
depositors forgery insurance
تأمين المودعين ضد التزوير
depository trust company (DTC)
شركة استثمار ودائع
depreciable life
العمر المقرر استهلاكه
depreciable real estate
عقارات قابلة للاستهلاك
depreciate
خفض قيمة، قلل من قيمة، استهلك
depreciated cost
تكلفة مستهلكة
depreciation
استهلاك، هبوط القيمة، إهلاك
depreciation recapture
استرجاع القيمة، استرداد القيمة
depreciation reserve
احتياطي الإهلاك
depression
كساد، ركود، تدهور، انخفاض، هبوط
depth interview
اجتماع بالغ العمق، اجتماع بالغ الأهمية، مقابلة متعمقة
deregulation
رفع القيود أو إلغاءها
derived demand
طلب مشتق
descent
هبوط، نزول
description
وصف، توصيف
descriptive memorandum
مذكرة وصفية
desk
مكتب، منصة
desktop publishing
النشر المكتبي
descriptive statistics
إحصاءات وصفية
destination file (network) *(computer)*
الملف المنشود (شبكة) (كمبيوتر)
detail person
المندوب المفصل (مهمته الرئيسية إبلاغ العملاء عن المنتجات الجديدة للشركة
devaluation
خفض القيمة
developer
إنمائي: يحوّل الأرض الخام الي إنشاءات
development
تنمية، إنماء، تطوير
development stage enterprise
مشروع مراحل التنمية
developmental drilling program
برنامج تنموي لاستخراج البترول
deviation policy
سياسة تغيير الاتجاه
devise
وصية عقارية، هبة بمقتضى وصية
disability benefit
إعانة عجز

diagonal expansion
توسع قطري
dialup
موصل
diary
مفكرة، يومية
differential advantage
ميزة تفاضلية
differential analysis
تحليل التفاضل
differentiation strategy
استراتيجية التفاضل
digits deleted
الأرقام المحذوفة
dilution
انخفاض القيمة، إضعاف
diminishing-balance method
طريقة الرصيد المتناقص
diplomacy
دبلوماسية
direct access
وصول مباشر
direct charge-off method
الطريقة المباشرة لشطب الديون المعدومة
direct cost
التكلفة المباشرة
direct costing
نظام التكاليف المباشرة، حساب التكاليف المباشرة
direct financing lease
تأجير مالي مباشر
direct investment
استثمار مباشر
direct labor
العمل المباشر، الأيدي العاملة المباشرة
direct liability
التزام مباشر
direct marketing
تسويق مباشر
direct material
المواد المباشرة
direct overhead
نفقات ثابتة مباشرة
direct production
إنتاج مباشر
direct response advertising
إعلان الاستجابة المباشرة
direct sales
مبيعات مباشرة
direct-action advertising
إعلان التصرف المباشر
directed verdict
حكم موجه
director
عضو مجلس إدارة، مدير
directorate
مجلس الإدارة، دائرة إدارية، مديرية
direct-reduction mortgage
رهن مقسَط، رهن بتخفيض مباشر
disability buy-out insurance
تأمين ضد العجز عن الشراء
disability income insurance
تأمين الدخل ضد العجز
disaffirm
ينكر، ينقض قرار
disbursement
دفع (من المُقرض)، سحب (من قبل المُقرض)، إنفاق
discharge
إبراء (من دين أو التزام)، تفريغ شحنة، تسديد

discharge in
  bankruptcy
إبراء ذمة المفلس، رد اعتبار
المفلس، إعفاء مفلس من
التزاماته المالية

discharge of lien
فك الحجز

disclaimer
تنصل، تنازل عن حق

disclosure
الإفصاح، الإعلان

discontinuance of plan
وقف الخطة

discontinued
  operation
عملية متوقفة

discount
خصم، تخفيض، قطع

discount bond
سند خصم

discount broker
سمسار خصم

discount points
حدود الخصم

discount rate
معدل الخصم

discount window
نافذة الخصم (تسهيلات إعادة
الخصم لدى البنك المركزي)،
إدارة الخصم

discount yield
عائد أوراق مالية بيعت بخصم

discounted cash flow
التدفق النقدي المخصوم، قيمة
التدفقات النقدية بعد الخصم

discounting the news
التقليل من أهمية الأنباء

discovery
اكتشاف، كشف

discovery sampling
معاينة الاكتشاف

discrepancy
فرق، اختلاف، تباين

discretion
تقدير، حرية التصرف، تمييز،
رشد

discretionary cost
التكاليف الاختيارية الممكن
تخفيضها

discretionary income
الدخل الحر، دخل الفرد الفائض

discretionary policy
السياسة التقديرية

discretionary spending
  power
سلطة الإنفاق الاجتهادي

discrimination
تفرقة، تمييز، محاباة

diseconomies
مساوئ اقتصادية

dishonor
امتنع عن السداد، رفض الدفع،
رفض القبول، عدم الوفاء

disinflation
انخفاض معدل التضخم، علاج
التضخم

disintermediation
عدم الوساطة، بلا وساطة

disciplinary layoff
فصل تأديبي

disjoint events
عدم ربط الأحداث

disk (computer)
قرص (كمبيوتر)

disk drive
  (computer)
مُشغل الأقراص (كمبيوتر)

dismissal
فصل، طرد، تسريح، أقال

dispatcher
مرسل، شاحن

disposable income
الدخل المتاح للإنفاق أو التصرف
dispossess
تصرف، باع، تنازل، ينزع ملكية
dispossess proceedings
إجراءات الطرد أو نزع الملكية
dissolution
حل، فسخ
distressed property
ممتلكات ذات ثمن بخس
distribution
توزيع
distribution allowance
علاوة توزيع
distribution cost analysis
تحليل تكلفة التوزيع
distributor
موزع
diversification
تنويع
diversified company
شركة متنوعة الأنشطة
divestiture
تصفية الموجودات أو الاستثمارات وبيعها، نزع الملكية
dividend
ربح السهم، حصة الربح
dividend addition
إضافة أرباح الأسهم
dividend exclusion
استثناء أرباح الأسهم
dividend payout ratio
نسبة ربح السهم إلى ثمنه السوقي
dividend reinvestment plan
خطة إعادة استثمار أرباح الأسهم
dividend requirement
متطلبات أرباح الأسهم
dividend rollover plan
خطة شراء أسهم قبل توزيع أرباحها ثم بيعها بعد التوزيع لاكتساب تلك الأرباح
dividends payable
أرباح الأسهم المستحقة الدفع
division of labor
تقسيم العمل
docking
توقيع جزاء مالي
docking station *(computer)*
جهاز يعمل كنهاية طرفية لتوصيل حاسب الكتروني محمول بأجهزة أخرى مثل شبكة معلومات
documentary evidence
دليل كتابي، مستند مؤيد
documentation
توثيق، مجموعة مستندات، وثائق
doing business as (DBA)
الاسم المستعار الذى يستخدمه الشخص كوكيل لشركة بدلا من إستخدام إسم الشركة أو إسمه
dollar cost averaging
توسيط التكلفة بالدولار
dollar drain
سحب من احتياطي الدولار
dollar unit sampling (DUS)
معاينة وحدة الدولار
dollar value lifo
قيمة الدولار
domain name system
نظام عناوين مواقع شبكة الإنترنت

domestic corporation
شركة محلية

domicile
محل الإقامة، مسكن، موطن

dominant tenement
ملكية تعطي حقوقاً على ملكية أخرى (كحق العبور في أرض لشخص وصولاً إلى المنزل)

donated stock
أسهم موهوبة (متبرع بها)

donated surplus
فائض متبرع به

donor
مانح، الجهة المانحة

double (treble) damages
تعويضات (ثلاثة أضعاف) مضاعفة

double click *(computer)*
النقر المزدوج (كمبيوتر)

double declining balance
الرصيد المتناقص ازدواجياً

double precision
دقة مضاعفة

double taxation
ازدواج ضريبي

double time
أجر مضاعف

double-digit inflation
معدل تضخم بنسبة تتراوح بين 10 % و99 %

double-dipping
الجمع بين وظيفتين، تحصيل مزدوج عن نفس الخدمة

double-entry accounting
محاسبة القيد المزدوج

dow theory
نظرية داو

dower
ميراث الزوجة الارملة، هبة

down tick
أقل من السعر السابق

download *(computer)*
نقل البيانات

down payment
عربون، دفعة مقدماً، دفعة أولى

downscale
يخفض، متجه نحو قطاع السوق الأقل تميزاً

downside risk
مخاطر انخفاض الأسعار

downstream
من بنك مراسل إلى المستفيد في من خدماته، من المنبع إلى المصب، عملية تعقبها عمليات لمستوى أدنى

downtime
وقت غير مستغل بسبب تعطل الأجهزة

downturn
اتجاه نزولي في الأسعار، هبوط، ركود، تباطؤ

downzoning
تحجيم المباني في منطقة ما

dowry
بائنة، مهر، دوطة، مؤخر صداق

draft
سحب، كمبيالة، مستند، شيك، حوالة، مشروع خطاب، مشروع عقد، مشروع قانون، مسودة

draining reserves
استنزاف الاحتياطات

draw
يسحب، يحرر، يرسم

draw tool *(computer)*
أداة الرسم (كمبيوتر)

drawee

المسحوب عليه

drawer

الساحب

drawing account

حساب جار، حساب تحت الطلب، حساب مسحوبات

drive *(computer)*

مُحرك، مشغل الأقراص (كمبيوتر)

drop-down menu (pull-down menu) *(computer)*

القائمة المنسدلة: قائمة تتدلى من شريط القوائم وتظل مفتوحة حتى يغلقها المستخدم أو يختار مفردة منها (كمبيوتر)

drop-shipping

شحن مباشر

dry goods

سلع جافة

dual contract

عقد ثنائي

due bill

إقرار بالدين، سند اعتراف بالدين

due-on-sale clause

شرط ينص على سداد كل القرض العقاري إذا قام المقترض ببيع العقار

dummy

وهمي، مقلد، شكلي، بديل

dumping

إغراق السوق بالسلع

dun

ينذر بالدفع، يلح في الطلب

duplex copying (printing) *(computer)*

نسخ مزدوج (طباعة) (كمبيوتر)

duplication of benefits

مضاعفة الفوائد

duress

إكراه

Dutch auction

مزاد هولندي (يبدأ بالسعر الأعلى ثم يتناقص)

duty

رسم، واجب

E

each way
بيعاً وشراءً

early retirement
التقاعد المبكر

early retirement
  benefits
مزايا التقاعد المبكر

early withdrawal
  penalty
غرامة السحب المبكر (تفرض
على أصحاب الاستثمارات
المحددة الأجل إذا سحبوا
استثماراتهم قبل الموعد)

earned income
دخل أو إيراد مكتسب

earnest money
عربون

earnings and profits
المكاسب والأرباح

earnings before taxes
الأرباح قبل خصم الضرائب

earnings per share
ربحية السهم، عوائد السهم

earnings report
تقرير عن دخل المنشأة ونفقاتها
وأرباحها وخسائرها

easement
حق الارتفاق، حق استعمال
عقار

easy money
كسب سهل، قروض متاحة
بأسعار فائدة منخفضة

econometrics
الاقتصاد القياسي

economic
اقتصادي

economic analysis
التحليل الاقتصادي

economic base
القاعدة الاقتصادية

economic depreciation
انخفاض القيمة الاقتصادية،
إهلاك اقتصادي

economic freedom
الحرية الاقتصادية

economic growth
النمو الاقتصادي

economic growth rate
معدل النمو الاقتصادي

economic indicators
المؤشرات الاقتصادية

economic life
العمر الاقتصادي، فترة
الاستخدام

economic loss
خسارة اقتصادية

economic rent
ايجار اقتصادى

economic sanctions
عقوبات اقتصادي

economic system
النظام الاقتصادي

economic value
القيمة الاقتصادية

economics
علم الاقتصاد

economies of scale
وفورات الحجم (تخفيض
تكاليف الإنتاج نتيجة لزيادة
الإنتاج)

economist
عالِم اقتصاد، اقتصادي

economy
اقتصاد

edit
تعديل، تحرير

edit *(computer)*
تحرير (كمبيوتر)

effective date
تاريخ سريان المفعول، تاريخ النفاذ، تاريخ العمل

effective debt
الدين الفعلي

effective net worth
صافي القيمة الفعلية

effective rate
العائد الفعلي

effective tax rate
معدل الضريبة الفعلي

efficiency
كفاءة، فعالية، جدارة

efficient market
سوق منتجة، سوق فعالة

efficient portfolio
محفظة استثمارات فعالة، محفظة متنوعة وبأقل قدر من المخاطر وأكبر قدر من الأرباح

eject *(computer)*
يقذف، يخرج

ejectment
دعوى الاسترداد (عقار ما)

elasticity of supply and demand
مرونة العرض والطلب

elect
اختار، انتخب، عين

electronic mail (e-mail)
البريد الإلكتروني

emancipation
تحرير، تحرر

embargo
حظر، منع

embed *(computer)*
يحشر أو يدمج (كمبيوتر)

embezzlement
اختلاس

emblement
غلة الأرض (العائدة شرعا إلى مستأجرها)

eminent domain
حق نزع ملكية للمصلحة العامة، حق الاستملاك العام

employee
عامل، مُستَخدم، موظف

employee association
جمعية الموظفين

employee benefits
الخدمات الاجتماعية العمالية

employee contributions
مساهمات العاملين

employee profit sharing
تقاسم الأرباح بين العاملين

employee stock option
خيار الأسهم للعاملين

employee stock ownership plan (ESOP)
خطة تمليك أسهم شركة للعاملين فيها

employer
صاحب عمل، رب العمل

employer interference
تدخل صاحب العمل

employment agency
وكالة توظيف

employment contract
عقد عمل

enable *(computer)*
إشارة تمكين (كمبيوتر)

enabling clause
شرط التمكين

encoding
ترميز

encroach

تعدى على، اغتصب

encroachment

عائق، تعد، انتهاك

encryption

تشفير

encumbrance

عبء، التزام، رهن

end of month

نهاية الشهر

end user *(computer)*

المستخدم النهائي (كمبيوتر)

endorsement or
indorsement

تظهير، تجيير

endowment

وقف، هبة، تبرع

energy tax credit

خصم ضريبي على الطاقة

enjoin

يمنع، يأمر

enterprise

منشأة، مؤسسة، مشروع

enterprise zone

منطقة تصنيع الصادرات

entity

كيان

entrepreneur

مقاول، متعهد، منظم

entry-level job

وظيفة على مستوى المبتدئ
(مناسبة لفرد غير محنك في
العمل وجديد على سوق العمل)

**environmental impact
statement (EIS)**

تقييم أثر المشروع على البيئة

EOM dating

تاريخ غير محدد

**equal opportunity
employer**

صاحب عمل يقدم فرص
متكافئة

**equal protection of the
laws**

حماية القوانين المتكافئة

equalization board

مجلس تسويات

equilibrium

التوازن

equilibrium price

سعر التوازن

equilibrium quantity

كمية التوازن

equipment

معدات، تجهيزات، مهمات

equipment leasing

تأجير معدات

equipment trust bond

سند دين لتمويل شراء معدات

equitable

عادل، منصف

equitable distribution

توزيع عادل

equity

حقوق الملكية، حقوق
المساهمين (استثمار)، عدالة،
صافي القيمة أي الأصول
ناقصاً الخصوم

equity financing

التمويل عن طريق إصدار أسهم

equity method

مبدأ الإنصاف

equity of redemption

حق استرداد الرهن العقاري،
حق الاسترداد

equity ratio

نسبة حقوق الملكية، نسبة حقوق
المساهمين لصافي الأصول

**equivalent taxable
yield**

العائد المكافئ الخاضع للضريبة

erase *(computer)*

يمحو، يحذف (كمبيوتر)

error

خطأ

error message

رسالة خطأ

error message
(computer)

رسالة خطأ (كمبيوتر)

escalator clause

شرط السلم المتحرك (شرط في عقد يسمح بزيادة الأسعار عندما ترتفع التكاليف)، الشرط المعدل للسعر

escape key (esc)
(computer)

مفتاح التراجع أو الإلغاء (كمبيوتر)

escheat

ميراث يؤول إلى الدولة عند عدم وجود وارث

escrow

مستند يودع كضمان لدى شخص ثالث

escrow agent

مؤتمن قانوني لمستند ما

espionage

التجسس، الجاسوسية

essential industry

صناعة أساسية

estate

عقار، ملك، تركة، مجمع

estate in reversion

تركة قابلة للاسترداد

estate in severalty

تركة تملك بالحق الفردي

estate planning

التخطيط للتصرف بالأملاك

estate tax

ضريبة تركات

estimate

تقدير، تثمين، تقييم

estimated tax

الضريبة المقدرة

estimator

مثمن، مقيم، مقدر أثمان، خبير مثمن

estoppel

دفع بعدم القبول

estoppel certificate

شهادة دفع بعدم القبول

estovers

حق الساكن في استخدام الخشب في سكنه لغرض الصيانة خلال فترة العقد

ethical, ethics

أخلاقي، علم الأخلاق، أخلاقيات

euro

يورو

European Common Market

السوق الأوروبية المشركة

European Economic Community (EOC)

السوق الاقتصادية الأوروبية المشتركة

eviction

طرد، إخلاء، نزع حيازة، نزع الملكية

eviction, actual

طرد فعلي

eviction, constructive

طرد حكمي

eviction, partial

طرد جزئي

evidence of title

دليل الملكية

exact interest

فائدة مضبوطة

« except for » opinion

(باستثناء) الرأي

excess profits tax
ضريبة الأرباح الزائدة

excess reserves
احتياطيات زائدة، الاحتياطي الفائض

exchange
استبدال، تبادل، صرف، قطع، بورصة، مصفق، عملة، نقد أجنبي

exchange control
مراقبة النقد الأجنبي

exchange rate
سعر الصرف

excise tax
ضريبة إنتاج، ضريبة استهلاك

exclusion
استبعاد، استثناء

exclusions
استثناءات، خارج وعاء الضريبة، بنود لا يشملها التأمين

exculpatory
مُبرئ

ex-dividend rate
معدل عدم وجود الربحية

execute
ينفذ، ينجز

executed
منجز

executed contract
عقد منجز

execution
تنفيذ، تحقيق، إبرام، إعدام

executive
موظف تنفيذي، مسؤول تنفيذي، مدير

executive committee
لجنة تنفيذية

executive perquisites
مخصصات وامتيازات تمنح للمديرين التنفيذيين

executor
منفذ

executory
لم يتم إنجازه بالكامل لأن ذلك متوقف علي حدوث شيئ في المستقبل

exempt securities
أوراق مالية معفاة (من قواعد التسجيل وغيرها)

exemption
إعفاء

exercise
مباشرة، ممارسة، تمرين

exit interview
مقابلة مع الموظف عند تركه الخدمة

ex-legal
بدون رأي قانوني

expandable
قابل للتوسع

expandable (computer)
مُوسع، قابل للتوسع (كمبيوتر)

expansion
توسع، اتساع، زيادة

expected value
القيمة المتوقعة

expense
مصروفات، نفقات

expense account
حساب المصروفات

expense budget
موازنة المصروفات

expense ratio
نسبة المصروفات

expense report
تقرير المصروفات

experience rating
تحديد رسوم التأمين بالاختبار

experience refund
رد نسبة من أقساط التأمين الي شركة تحتفظ بسجل طيب من حيث المطالبة بتعويضات

expert power
صلاحيات الخبير

expiration
انقضاء أجل، انتهاء مدة، انتهاء
صلاحية، استحقاق

expiration notice
إشعار انتهاء سريان عقد أو
فترة تعاقدية

exploitation
استغلال، استثمار، تشغيل

exponential smoothing
وسيلة شائعة يستخدمها
المشتغلون في مجال التوقعات
الاقتصادية في إعداد تقديرات
قصيرة المدى

export
يصدر، صادر، التصدير

Export-Import Bank
(EXIMBANK)
مصرف التصدير والاستيراد

exposure
تعريض، تعرُّض (للخسارة)

exposure draft
مشروع استثمارات يكتنفها
المخاطر

express
سريع، صريح، يعبر عن،
يرسل بالقطار السريع

express authority
سلطة صريحة

express contract
عقد صريح

extended coverage
تغطية موسعة

extended coverage
endorsement
ملحق لامتداد التأمين

extension
تمديد، إطالة، تأجيل الاستحقاق

extension of time for
filing
تمديد الوقت لإيداع الطلب

extenuating
circumstances
ظروف مخففة

external audit
مراجعة خارجية

external documents
مستندات خارجية

external funds
أموال خارجية

external report
تقرير خارجي

extra dividend
أرباح إضافية

extractive industry
صناعة استخلاصية

extraordinary
dividends
أرباح أسهم استثنائية

extraordinary item
بند استثنائي

extrapolation
استكمال، استقراء بالاستكمال

F

f statistic
فـ/ إحصائي

fabricator
مُصنع

face amount
المبلغ الاسمي

face interest value
قيمة الفائدة الاسمية

face value
القيمة الاسمية

facility
تسهيل، خدمة، مصلحة

facsimile
تصوير، نسخ، طبق الأصل،
صورة طبق الأصل

factor analysis
تحليل العوامل

factorial
متعلق بالعوامل

factoring
شراء أو خصم الديون أو
حسابات العملاء، خصم
الكمبيالات، تحصيل خصم
الديون

factory overhead
مصروفات المصنع غير
المباشرة، أعباء إضافية

faculty installation
منشأ القدرة الضريبية

fail to deliver
تقصير البائع في تسليم المبيع

fail to receive
تقصير المشتري في الاستلام

failure analysis
تحليل الفشل

fair market rent
ريع سوقي مناسب

fair market value
قيمة سوقية مناسبة

fair rate of return
معدل عائد مناسب

fair trade
تجارة عادلة، تبادل على أساس
المعاملة المثل

fallback option
إختيار بديل تصممه الادارة في
حالة فشل الاختيار الأساسي

fallen building
  clause
شرط بناء

false advertising
إعلان كاذب، مضلل

family income
  policy
سياسة دخل الأسرة

family life cycle
دورة حياة العائلة

family of funds
صناديق استثمار مشتركة
تمتلكها شركة واحدة

FAQ (frequently
  asked questions)
  (computer)
أسئلة مطروحة مراراً وتكراراً
(كمبيوتر)

farm surplus
فائض زراعي

fascism
الفاشية

fast tracking
اختيار بعض العاملين للتقدم
السريع في وظائفهم

fatal error *(computer)*

خطأ قاتل (كمبيوتر)

favorable trade balance

ميزان تجاري موات

feasibility study

دراسة الجدوى

featherbedding

ما تقدمه الحكومة من حماية
للصناعات الوطنية مثل فرض
رسوم جمركية على
المستوردات

fed wire

نظام اتصال عالي المستوى
لتحويل الأموال بين البنوك

federal deficit

عجز فيدرالي

Federal Deposit Insurance Corporation (FDIC)

مؤسسة اتحادية للتامين على
الودائع

federal funds

أرصدة تحتفظ بها البنوك،
أموال اتحادية، أموال فيدرالية

federal funds rate

سعر الفائدة على أرصدة البنوك
لدى بنك احتياطي

Federal Reserve Bank

بنك احتياطي اتحادي

Federal Reserve Board (FRB)

مجلس الاحتياطي الاتحادي

Federal Reserve System (FED)

النظام الاحتياطي الاتحادي

Federal Savings and Loan Association

جمعية القروض والمدخرات
الاتحادية

fee

رسم، أتعاب

fee simple or **fee simple absolute**

ملكية مطلقة للعقار

feeder lines

خطوط فرعية

FHA mortgage loan

قرض عقاري مضمون من قبل
إدارة الإسكان الفدرالية
بالولايات المتحدة

fidelity bond

ضمان ضد خيانة الأمانة

fiduciary

قائم على الثقة، ائتماني، أمين،
مؤتمن، موثوق به

fiduciary bond

سند ائتماني، سند ثقة

field staff

موظفو الموقع، عاملون
ميدانيون

field theory of motivation

نظرية الدافعية الميدانية

file

ملف

file backup *(computer)*

نسخ بديل للملف (كمبيوتر)

file extension *(computer)*

امتداد أو نطاق الملف
(كمبيوتر)

file format

تنسيق الملف

file format *(computer)*

تنسيق الملف (كمبيوتر)

file transfer protocol (FTP)

بروتوكول نقل الملفات

fill or kill (FOK)

إلغاء طلب شراء أو بيع سند إن لم ينفذ فورا

filtering down

تصفية المعلومات، ترشيح

final assembly

تجميع نهائي

finance charge

نفقات تمويل

finance company

شركة تمويل

financial accounting

المحاسبة المالية

financial advertising

الإعلان المالي

financial future

المستقبل المالي

financial institution

مؤسسة مالية

financial intermediary

وسيط مالي

financial lease

إعتماد إيجاري مالي

financial management rate of return (FMRR)

الإدارة المالية لمعدل العائدات

financial market

سوق مالية

financial position

الوضع المالي

financial pyramid

الهرم المالي

financial statement

البيان المالي

financial structure

الهيكل المالي

financial supermarket

متجر مالي

financing

تمويل

finder's fee

رسم سمسرة

finished goods

بضائع تامة الصنع

fire insurance

تأمين ضد الحريق

firm

منشأة، مؤسسة، شركة

firm commitment

التزام قاطع أو بات

firm offer

عرض قاطع، عرض ثابت

firm quote

عرض أسعار ثابت

first in, first out (FIFO)

ما يشترى أولاً يصرف أولاً

first lien

حق الإمتياز الأول في حبس الشيئ كضمان

first mortgage

رهن عقاري أول، رهن ممتاز

first-line management

إدارة أولية

first-year depreciation

استهلاك أول عام

fiscal

مالي

fiscal agent

وكيل مالي، وكيل معتمد لصرف مستحقات محددة

fiscal policy

سياسة مالية، سياسة ضريبية

fiscalist

خبير مالي

fixation

تثبيت، تحديد

fixed annuity

دخل سنوى ثابت ، دفعة ثانوية ثابتة

fixed asset
أصول ثابتة

fixed benefits
مزايا ثابتة

fixed charge
رسم ثابت، نفقات ثابتة،
مصروفات عامة

fixed cost
تكلفة ثابتة

fixed fee
رسم، أتعاب ثابتة

fixed income
دخل ثابت

fixed income statement
بيان الدخل الثابت

fixed premium
قسط ثابت

fixed-charge coverage
تغطية محددة النفقات

fixed-point number
عدد محدد النقاط

fixed-price contract
عقد ثابت السعر

fixed-rate loan
قرض بمعدل فائدة ثابت

fixture
تثبيت، تحديد

flanker brand
علامة تجارية جديدة (لامتداد
منتج ما صورته مخففة لدعم
المنتج الرئيسي)

flash memory (computer)
ذاكرة القراء فقط (التي يمكن
محوها وإعادة برمجتها)
(كمبيوتر)

flat
سعر مقطوع، ثابت، راكد،
بدون احتساب فائدة

flat rate
سعر موحد

flat scale
مقياس موحد

flat tax
ضريبة موحدة

flexible budget
موازنة مرنة

flexible-payment mortgage (FPM)
رهن السداد المرن

flextime
وقت مرن

flight to quality
البحث عن الجدة والاستثمار
المضمون

float
يطرح، يعوم

floaters
سندات لحاملها من الدرجة
الأولى، أدوات دين بمعدل فائدة
(عائم)

floating currency exchange rate
سعر صرف عملة عائم

floating debt
دين عائم، أداة دين بسعر فائدة
عائم

floating exchange rate
سعر صرف عائم

floating securities
أوراق مالية عائمة

floating supply
عرض عائم

floating-point number
عدد الفاصلة العشرية
المتحركة، عدد النقطة العائمة

floating-rate note
سند دين بسعر فائدة عائم

flood insurance
تأمين ضد الغرق

floor loan
أدنى قرض

floor plan
مخطط طابق في مبنى، الخطة الرئيسية، مخطط

floor plan insurance
نوع من التأمين على البضائع المباعة لتاجر التجزئة

flotation (floatation) cost
تكلفة التعويم

flow of funds
تدفق الأموال

flowchart
رسم بياني

fluctuation
تقلب

fluctuation limit
حد التقلب

flush (left/right) *(computer)*
(في الطباعة) مستو على السطح المحازي (يميناً/يساراً) (كمبيوتر)

follow-up letter
خطاب متابعة

font *(computer)*
شكل الحرف، طقم كامل من حروف الطباعة

footing
إضافة عمود من الأرقام ، مركز، أساس

footnote *(computer)*
حاشية سفلية (كمبيوتر)

for your information (FYI)
للعلم

forced page break *(computer)*
فاصل صفحات جبري

forced sale
بيع جبري

forced saving
ادخار جبري

forecasting
توقع، تنبؤ

foreclosure
غلق الرهن، حبس الرهن

foreign corporation
شركة أجنبية

foreign direct investment
استثمار أجنبي مباشر

foreign exchange
عملة أجنبية

foreign income
دخل خارجي

foreign investment
استثمار أجنبي

foreign trade zone
منطقة تجارة خارجية

forfeiture
سقوط الحق بالتقادم، مصادرة، حرمان

forgery
تزوير

format *(computer)*
تنسيق

formula investing
استثمار مخطط له مسبقا

fortuitous loss
خسارة عرضية

forward
أمامي، آجل، مستقبلي

forward contract
عقد آجل

forward integration
تكامل أمامي

forward pricing
السعر الآجل

forward stock
أسهم آجلة

forwarding
  company
شركة شحن

foul bill of lading
بوليصة شحن ذات تحفظات

401 (k) plan
نظام تقاعد (نظام يتيح للعاملين
استثمار جزء من دخلهم دون
دفع ضرائب حتى يتم سحب
المال بعد التقاعد)

fourth market
السوق الرابع (سوق التعامل
المباشر تجنباً لدفع رسوم
السمسرة)

fractional share
جزء من سهم

frame rate (computer)
نسبة الإطار، معدل الإطار
(كمبيوتر)

franchise
امتياز، إعفاء

franchise tax
ضريبة الامتياز

frank
خلص، وضع طابع بريد أو
دمغة

fraud
احتيال، خداع، تدليس

fraudulent
  misrepresentation
بيان كاذب أو تلفيق تدليسي

free alongside ship
  (FAS)
تسليم رصيف الميناء

free and clear
حق خالص ومطلق

free and open market
سوق حرة ومفتوحة

free enterprise
العمل الحر

free market
السوق الحرة

free on board
  (FOB)
التسليم ظهر المركب

free port
ميناء حر

freehold
  (estate)
عقار ملكيته خالصة

freight insurance
التأمين على الشحن

frequency
تكرار، تردد، تواتر

frictional
  unemployment
بطالة احتكاكية

friendly suit
دعوى ودية

front foot
مقياس معياري للأرض يطبق
علي المقدمة الموازية للشارع

front money
مقدم أتعاب، قرض لشركة
ناشئة

front office
مكتب أمامي

frontage
واجهة

front-end load
رسم مبدئي

frozen account
حساب مجمد

fulfillment
إنجاز، استيفاء

full coverage
تغطية شاملة، غطاء كامل

full disclosure
الإعلان عن كل الحقائق
(المقترنة بالصفقة)، إفصاح
كامل

full faith and credit
ثقة وتصديق تام

full screen display (computer)
عرض بملء الشاشة (كمبيوتر)

full-service broker
سمسار يقدم خدمات شاملة

fully diluted earnings per (common) share
أرباح مخفضة بالكامل للسهم

fully paid policy
بوليصة مدفوعة بالكامل

function key (computer)
مفتاح وظيفي (كمبيوتر)

functional authority
سلطة وظيفية

functional currency
عملة وظيفية

functional obsolescence
إهمال وظيفي

functional organization
التنظيم الوظيفي

fund accounting
حساب الأموال

fundamental analysis
تحليل أساسي

funded debt
دين موحد، دين مغطى بإيراد ثابت

funded pension plan
نظام المعاشات الذى تخصص أرصدته لشراء مزايا التقاعد

funding
تمويل، تحويل دين طويل الأجل إلى قصير الأجل، توحيد الدين

fund-raising
جمع الأموال

furlough
إجازة قصيرة، إذن بالغياب

future interest
الفائدة المستقبلية

futures contract
عقد مستقبلي

futures market
سوق العقود الآجلة أو المستقبلية

G

gain

مكسب، ربح، كسب

gain contingency

احتمال المكسب

galloping inflation

تضخم جامح، توسعي

game card *(computer)*

بطاقة ذاكرة قراءة فقط تقوم
بتخزين البرامج والألعاب
والمعلومات (كمبيوتر)

gaming

مقامرة

gap

فجوة

gap loan

قرض لسد فجوة

garnish

يحجز مالا للمدين لدى الغير

garnishee

المحجوز لديه

garnishment

حجز ما للمدين لدى الغير

gender analysis

تحليل الجنس

general contractor

مقاول عام، متعاهد عام

general equilibrium
analysis

تحليل التوازن العام

general expense

المصروفات العامة

general fund

صندوق عام

general journal

اليومية العادية، دفتر اليومية
العامة

general ledger

دفتر الأستاذ العام

general liability
insurance

ضمان المسئولية العام

general lien

امتياز عام، حق عام في الحجز

general obligation
bond

سند التزام عام

general partner

شريك متضامن

general revenue

الإيراد العام

general revenue
sharing

تقاسم الإيراد العام

general scheme

مشروع عام، نظام عام

general strike

إضراب عام

general warranty
deed

سند ضمان عام

generalist

موظف ذو خبرة عامة

generally accepted
accounting principles

مبادئ محاسبية مقبولة بوجه
عام

generation-skipping
transfer

تحويل أو تنازل يكون فيه
المستفيد أصغر من المانح

generic appeal

جاذبية عامة

generic bond

سند عام

generic market
مجموعة عريضة من المشترين لديهم تقريبا نفس الإحتياجات العامة

gentrification
إزاحة السكان ذوى الدخول المنخفضة بواسطة سكان ذوى دخول مرتفعة في حي قديم يتم تجديده

geodemography
علم السكان الجغرافي

gift
هبة، منحة، هدية

gift deed
سند منحة

gift tax
ضريبة على الهبات

girth
ضخامة، حجم كبير

glamor stock
أسهم جذابة

glut
وفرة، فيض، إغراق

goal
هدف

goal congruence
تطابق الأهداف

goal programming
برمجة الأهداف

goal setting
وضع الأهداف

go-between
وسيط

going long
بيع أسهم أو سلع يملكها البائع، شراء أسهم أو سندات أو سلع للاستثمار أو المضاربة

going private
اتجاه نحو الخصخصة

going public
معروض للاكتتاب العام

going short
بيع المستثمر لأوراق مالية

going-concern value
قيمة المنشأة الناجحة

gold fixing
تحديد سعر الذهب

gold mutual fund
صندوق استثمار مشترك في أسهم شركات مناجم الذهب

gold standard
قاعدة الذهب

goldbrick
سبيكة ذهب

goldbug
مستثمر يستخدم احتياطيات ذهب كمُلطف لأثار التضخم

golden handcuffs
إغراءات للموظف للبقاء في الخدمة

golden handshake
إغراءات للموظف لترك الخدمة أو التقاعد

golden parachute
شرط تعاقدي يقضي بأن يدفع رب العمل للموظف تعويضاً كبيراً في حالة إنهاء خدمته

good delivery
تسليم صحيح، تسليم حسب الأصول

good faith
حسن النية

good money
عملة جيدة

good title
حق ملكية سليم

good-faith deposit
عربون

goodness-of-fit test
اختبار حسن المطابقة

goods
سلع، بضائع

goods and services
السلع والخدمات

good-till-canceled order (GTC)
طلب شراء أو بيع يبقى سارياً إلى أن يلغى أو يُنفذ بالكامل

goodwill
شهرة المحل

grace period
فترة سماح، مهلة

graduated lease
إيجار متدرج

graduated payment mortgage (GPM)
قرض يسدد بأقساط تصاعدية

graduated wage
راتب متصاعد

graft
فساد الذمم، رشوة

grandfather clause
شرط الإعفاء لمن كانوا يمارسون نشاطاً معيناً قبل سريان النظام

grant
منحة، يمنح، دعم

grantee
الممنوح له

grantor
مانح، واهب، متبرع

grantor trust
صندوق المانحين

graph *(computer)*
رسم بياني، خط بياني، يمثل بالرسم البياني (كمبيوتر)

graphics card *(computer)*
أداة تسمح للحاسب بمعالجة وعرض الرسومات (كمبيوتر)

gratis
مجاناً، بلا مقابل

gratuitous
مجاني، بلا عوض

gratuity
منحة، إكرامية

graveyard market
سوق يتكبد فيها الباعة خسائر فادحة

graveyard shift
مناوبة منتصف الليل

Great Depression
الكساد الأكبر

greenmail
ابتزاز مشروع لكنه مكروه

gross
جملة، إجمالي، قائم

gross amount
مبلغ إجمالي

gross billing
المطالبة الإجمالية

gross earnings
إجمالي الربح، المكاسب الإجمالية

gross estate
ملكية قائمة

gross income
الدخل الكلي، الإجمالي

gross lease
إجمالي الإيجار

gross leaseable area
المنطقة الكلية القابلة للإيجار

gross national debt
إجمالي الدين القومي

gross national expenditure
إجمالي الإنفاق القومي

gross national product (GNP)
إجمالي الناتج القومي

gross profit
الربح الإجمالي

gross profit method
طريقة الربح الإجمالي

gross profit ratio
معدل الربح الإجمالي

gross rating point (GRP)
نقطة التقدير الإجمالية

gross rent multiplier (GRM)
مضاعف الريع الإجمالي

gross revenue
الإيراد الإجمالي

gross ton
طن وافٍ

gross weight
الوزن الإجمالي

ground lease
إيجار الأرض

ground rent
دخل عقاري، إيجار الأرض

group credit insurance
تأمين ضد مخاطر الائتمان موحد

group disability insurance
تأمين ضد العجز موحد

group health insurance
تأمين صحي جماعي

group life insurance
تأمين على الحياة جماعي أو موحد

growing-equity mortgage (GEM)
قرض عقاري تتزايد أقساطه دورياً

growth fund
صندوق استثمار في أسهم متنامية القيمة، صندوق النمو

growth rate
معدل النمو، معدل الزيادة

growth stock
أسهم متنامية القيمة والأرباح، أسهم يتوقع أن ترتفع قيمتها

guarantee
ضمان

guarantee of signature
ضمان صحة توقيع

guaranteed annual wage (GAW)
مرتب سنوي مضمون

guaranteed bond
سند مضمون الوفاء

guaranteed income contract (GIC)
عقد دخل مضمون

guaranteed insurability
قابلية تأمين مضمونة

guaranteed letter
خطاب مضمون

guaranteed mortgage
رهن مضمون

guaranteed security
أوراق مالية مضمونة

guarantor
ضامن

guaranty
ضمان، كفالة

guardian
وصي

guardian deed
سند الوصي

guideline lives
زمن الخطوط الإرشادية

guild
نقابة، رابطة

H

habendum
بيان الملكية والحيازة

hacker
قرصان كمبيوتر، هاوي كمبيوتر (يحاول الدخول على شبكات الاتصالات التابعة للمؤسسات الكبيرة والحصول على معلومات سرية)

half duplex
مزدوج ذو اتجاه واحد، إرسال مستقل، عكس مزدوج (كمبيوتر)

half-life
فترة سداد النصف الأول من القرض

halo effect
تأثير الهالة

hammering the market
بيع كميات كبيرة من الأوراق المالية توشك أسعارها على الانخفاض

handling allowance
بدل مناولة

hangout
المبلغ المتبقي من القرض

hard cash
نقد أجنبي، عملة معدنية، نقود متاحة

hard currency
عملة صعبة

hard disk *(computer)*
القرص الصلب أو الممغنط (كمبيوتر)

hard dollars
ما يدفع لبيت السمسرة مقابل خدماته وأبحاثه

hard drive *(computer)*
القرص الصلب (وحدة تخزين في كمبيوتر)

hard goods
سلع معمرة

hard money
عملة صعبة، عملة كاملة التغطية، مال مقترض بسعر فائدة عالية

hard return *(computer)*
رمز أو علامة يدخلها المستخدم لتوضيح نهاية السطر وبداية آخر أو نهاية فقرة وبداية أخرى

hardware *(computer)*
المكونات المادية للحاسوب (كمبيوتر)

hardwired *(computer)*
مركب آلياً (كمبيوتر)

hash total
متوسط فحص الأخطاء

hatch *(computer)*
خط تظليل (كمبيوتر)

hazard insurance
التأمين ضد المخاطر

head and shoulders
رأساً على عقب، تماماً

head of household
رب البيت

header *(computer)*
العنوان

headhunter
متصيد للعاملين (من أجل التوظيف)

health maintenance organization (HMO)
منظمة الرعاية الصحية

hearing
جلسة استماع
heavy industry
صناعة ثقيلة
hectare
هكتار
hedge
تغطية، تحوط، ترجيح
heirs
ورثة
heirs and assigns
الورثة والمستفيدون في التنازل أو التخصيص
help index
(computer)
مؤشر التعليمات (كمبيوتر)
help screen
(computer)
نافذة أو قطاع لشاشة عرض التعليمات التي تساعد المستخدم
help wizard
(computer)
خبير برمجة التعليمات (كمبيوتر)
heterogeneous
غير متجانس، متغاير
heuristic
تجريبي
hidden agenda
جدول أعمال مستتر
hidden asset
أصول مستترة، خفية
hidden inflation
تضخم مستتر
hidden tax
ضريبة مستترة
hierarchy
تدرج الكوادر، تدرج وظيفي، تسلسل وظيفي
high credit
ائتمان رفيع الدرجة
high flyer
سهم سعره شديد الارتفاع
high resolution
(computer)
نقاوة عالية، استبانة عالية (كمبيوتر)
high technology
تكنولوجيا متطورة
highest and best use
أعلى وأفضل انتفاع، استخدام
high-grade bond
سند رفيع الدرجة ، سند ممتاز
high-involvement model
نموذج الاشتراك رفيع الدرجة
highlight
(computer)
تسليط الضوء (في عرض الفيديو لجذب الانتباه) (كمبيوتر)
highs
مستوى أو وضع عال
high-speed
(computer)
عالي السرعة، سرعة عالية تسليط الضوء (كمبيوتر)
high-tech stock
أسهم تكنولوجيا متطورة
historical cost
التكلفة الفعلية، التكلفة التاريخية
historical structure
الهيكل الفعلي، الهيكل التاريخي
historical yield
العائد الفعلي
hit list
قائمة تصفية (تستهدف إبعاد أفراد)
hit the bricks
يقوم بالإضراب، يطرق الأبواب (بحثاً عن عمل مثلاً)

hobby loss
خسارة ناتجة عن الهواية الشخصية (نتيجة الانخراط في نشاط عمل للمتعة أكثر من استهداف الربح)

hold harmless clause
شرط عدم الإضرار

holdback
مستحق

holdback pay
الأجر المستحق

holder in due course
حامل (كمبيالة) حسن النية، صاحب سند متداول

holder of record
حامل السند المسجل في سندات البورصة

hold-harmless agreements
اتفاقيات أو عقود التملك بلا ضرر

holding
الاحتفاظ أو الامتلاك

holding company
شركة قابضة

holding fee
رسوم الحيازة

holding period
فترة الحيازة، فترة الاحتفاظ بأداء الاستثمار

holdover tenant
مستأجر باق بعد انتهاء مدة إيجاره

home key
(computer)
مفتاح للذهاب إلى أول السطر (كمبيوتر)

home page
(computer)
الصفحة الرئيسية، صفحة الترحيب (كمبيوتر)

homeowner warranty program (HOW)
برنامج ضمان مالك المنزل

homeowner's association
جمعية الملاك

homeowner's equity account
حساب أسهم الملاك

homeowner's policy
سياسة مالك المنزل

homestead
ملكية عائلية، المسكن وما حوله

homestead tax exemption
إعفاء ضريبي للملكية العائلية

homogeneous
متجانس

homogeneous oligopoly
احتكار القلة المتماثل

honor
يقبل، يتسلم، يتعهد بتنفيذ،

honorarium
مكافأة، أتعاب

horizontal analysis
تحليل أفقي

horizontal channel integration
تكامل أفقي

horizontal combination
اتحاد، اندماج أفقي

horizontal expansion
توسع أفقي

horizontal merger
اندماج أفقي

horizontal specialization
تخصص أفقي

horizontal union
اتحاد أفقي

host computer
(computer)
الكمبيوتر المضيف

hot cargo
شحنة جديدة ممتازة

hot issue
إصدار جديد رائج

hot stock
أسهم تكون شديدة التقلب كلما
زاد حجم التعامل

house
بيت، مؤسسة، دار

house account
حساب المؤسسة

house to house
من منزل لمنزل

house-to-house
sampling
أخذ العينات بالطواف على
المنازل

house-to-house
selling
بيع بالطواف على المنازل

housing bond
سند إسكان

housing code
مؤشر اقتصادي مهم عن عدد
المساكن التي بدأ في تشييدها
خلال فترة معينة

housing starts
قانون الإسكان

huckster
بائع متجول، يبيع بالتجزئة،
يساوم

human factors
العوامل البشرية أو الإنسانية

human relations
العلاقات الإنسانية

human resource
accounting
محاسبة الموارد البشرية

human resources
الموارد البشرية

human resources
management (HRM)
إدارة الموارد البشرية

hurdle rate
معدل العقبات

hush money
رشوة مقابل الصمت

hybrid annuity
دخل سنوي أو معاش مختلط

hyperinflation
تضخم جامح

hyperlink (*computer*)
ارتباط تشعبي (كمبيوتر)

hypertext (*computer*)
النص المتشعب

hypothecate
رهن، ارتهن، ضمن دينًا برهن

hypothesis
افتراض، فرض، نظرية

hypothesis testing
اختبار الفرضيات

I

icon
أيقونة

ideal capacity
طاقة مثالية

idle capacity
طاقة عاطلة

illegal dividend
ربح سهم غير قانوني

illiquid
غير سائل، غير قابل للتحويل إلى نقود

image *(computer)*
صورة

image advertising
الإعلان بالصور

image definition *(computer)*
تحديد الصورة

image file *(computer)*
ملف بيانات والذي يمثل الصور

impacted area
منطقة متأثرة

impaired capital
رأسمال منقوص

impasse
مأزق، طريق مسدود

imperfect market
سوق غير كاملة، سوق تفتقر إلى شروط المنافسة الكاملة

imperialism
الإمبريالية، الاستعمار

implied
ضمني

implied contract
عقد ضمني، شبه عقد

implied easement
حق الارتفاق الضمني

implied in fact contract
متضمن في العقد الفعلي

implied warranty
ضمان غير صريح، كفالة ضمنية

import
استيراد، يستورد

import quota
حصص الاستيراد

imposition
فرْض ضريبة، رسم، ضريبة

impound
حجز، صادر

impound account
حساب مُجنب (لمواجهة حالة طارئة)

imprest fund, imprest system
صندوق السُلف المستديمة، نظام السُلف المستديمة

improved land
أرض تحسنت أو أدخلت فيها المرافق

improvement
تحسين، تقدم، تطور

improvements and betterments insurance
تأمين على الإضافات والتحسينات

imputed cost
تكلفة اعتبارية

imputed income
دخل منسوب، دخل اعتباري

imputed interest
فوائد منسوبة، فوائد اعتبارية

imputed value or
imputed income

قيمة منسوبة، أو دخل منسوب،
مفترض

in perpetuity

دائم، إلى الأبد

in the money

في وفرة، رخاء

in the tank

في انخفاض شديد، هابط،
ضعيف

inactive stock or
inactive bond

أسهم أو سندات غير رائجة

inadvertently

بشكل غير متعمد أو مقصود

incapacity

عجز، عدم الأهلية

incentive fee

أتعاب تشجيعية

incentive pay

أجر تشجيعي

incentive stock option
(ISO)

خيار الأسهم التشجيعي

incentive wage plan

نظام الأجور التشجيعية

inchoate

ناقص، غير تام

incidental damages

تعويض عرضي

income

دخل، إيراد

income accounts

حسابات الدخل

income approach

نظرية الدخل

income averaging

توسيط الدخل

income bond

سند الدخل، سند تأمين ذو دخل
سنوي

income effect

أثر الدخل

income group

فئة الدخل، شريحة الدخل

income in respect of a
decedent

دخل متعلق بميت

income property

ممتلكات مُدرة للدخل

income redistribution

إعادة توزيع الدخل

income replacement

استبدال المعاش التقاعدي

income splitting

تقسيم الدخل

income statement

بيان الدخل، حساب الأرباح
والخسائر

income stream

تدفق الدخل، تيار الدخل

income tax

ضريبة الدخل

income tax return

كشف ضريبة الدخل

incompatible

متناقض، متعارض

incompatible
(computer)

غير متوافق (كمبيوتر)

incompetent

غير مختص، غير كفء

incontestable clause

شرط مقرر، محقق

inconvertible money

نقود غير قابلة للتحويل

incorporate

يشمل، يؤسس شركة، يدمج

incorporation

تأسيس، اندماج، تكوين شركة

incorporeal property

ممتلكات مندمجة

incremental analysis

تحليل إضافي

incremental cash flow

التدفق النقدي الإضافي (الناشئ عن المشروع)

incremental spending

إنفاق إضافي

incurable depreciation

إهلاك لا يعوض، إهلاك تعويضه غير اقتصادي

indemnify

يعوض

indemnity

تعويض، ضمان

indent (computer)

فرجة بين السطر الأول والهامش (كمبيوتر)

indenture

عقد الإصدار، سند

independence

استقلال

independent adjuster

مقرر مستقل، مُوفق مستقل

independent contractor

مقاول مستقل

independent store

متجر مستقل

independent union

اتحاد مستقل، نقابة مستقلة

independent variables

متغيرات مستقلة

indeterminate premium life insurance

تأمين على الحياة بعلاوة غير محددة

index

رقم قياسي، مؤشر، دليل، فهرس

index basis

أساس المؤشر

index fund

صندوق يعتمد عائده على مؤشر السوق

index lease

مؤشر ريع الإيجار

index options

عقد خيار قياسي، عقد خيار مرتبط بمؤشر عدد من الأوراق المالية لا بورقة مالية معينة

indexation

الربط القياسي، المقايسة

indexed life insurance

تأمين على الحياة مُقايس

indexed loan

قرض مُقايس، قرض مرتبط بمؤشر

indexing

الربط القياسي، المقايسة، التقييس

indirect cost

تكلفة غير مباشرة

indirect labor

عمل غير مباشر، الأيدي العاملة غير المباشرة

indirect overhead

التكاليف غير المباشرة

indirect production

إنتاج غير مباشر

individual bargaining

مساومة فردية

individual life insurance

تأمين على الحياة فردي

individual retirement account (IRA)

حساب التقاعد الفردي

inductive reasoning

الاستدلال الاستقرائي

industrial
صناعي
industrial advertising
إعلان صناعي
industrial consumer
مستهلك صناعي
industrial engineer
مهندس صناعي
industrial fatigue
الإجهاد الصناعي
industrial goods
السلع الصناعية
industrial park
مجمع صناعي
industrial production
إنتاج صناعي
industrial property
ملكية صناعية
industrial psychology
علم النفس الصناعي
industrial relations
العلاقات الصناعية
industrial revolution
الثورة الصناعية
industrial union
اتحاد صناعي، نقابة صناعية
industrialist
رجل صناعة
industry
صناعة،
industry standard
معيار الصناعة
inefficiency in the market
عدم كفاءة السوق
infant industry argument
مطالبة القطاعات الناشئة في الاقتصاد بالحماية من المنافسة الدولية
inferential statistics
إحصاءات استنتاجية
inferior good
سلع دنيا، سلع ردئية
inferred authority
سلطة ضمنية
inflation
تضخم
inflation accounting
محاسبة القوة الشرائية الجارية – محاسبة تظهر آثار التضخم في البيانات المالية
inflation endorsement
تظهير التضخم
inflation rate
معدل التضخم
inflationary gap
فجوة التضخم
inflationary spiral
دوامة التضخم
informal leader
قائد غير رسمي
information flow *(computer)*
تدفق المعلومات (كمبيوتر)
information page *(computer)*
صفحة المعلومات (كمبيوتر)
information return
استرجاع المعلومات
infrastructure
البنية الأساسية، البنية التحتية ، الهيكل الأساسي
infringement
مخالفة، انتهاك، إخلال
ingress and egress
حقوق التجول بين الولايات
inherent explosion clause
شرط الانفجار المحتمل أو الكامن
inherit
ورث، خلف

inheritance
إرث، تركة، وراثة

inheritance tax
ضريبة الإرث، ضريبة تركات

in-house
داخلي، داخل المؤسسة

initial public offering
   (IPO)
الطرح الأولي للاكتتاب العام

initiative
مبادرة

injunction
إنذار قضائي، أمر بالامتناع عن
عمل

injunction bond
سند يقدمه المتقدم للعمل
للامتناع عن العمل لتغطية
التكاليف والأضرار

injury independent of
   all other means
إصابة أو ضرر غير متأثرة
بكافة الوسائل الأخرى

inland carrier
شركة نقل داخلي، ناقل داخلي

inner city
وسط المدينة الداخلي

innovation
تجديد، ابتكار، تحديث

input
موارد مستخدمة في الإنتاج،
مستلزمات إنتاج، مدخلات

input (computer)
مدخلات

input field (computer)
حقل تغذية، حقل إدخال
(كمبيوتر)

input mask (computer)
مدخلات الإخفاء، مدخلات
مقنعة (كمبيوتر)

input-output device
   (computer)
وحدة إدخال وإخراج (كمبيوتر)

inside information
معلومات داخلية (غير متاحة
لغير العاملين في المؤسسة)

inside lot
حصة داخلية

insider
مطلع على الأسرار الداخلية

insolvency
إعسار، عدم القدرة على الدفع

insolvency clause
شرط الإعسار

inspection
معاينة، تفتيش

installation
   (computer)
تنصيب، تسهيلات الكمبيوتر
نفسها المشتملة على الآلات
والعاملين وغيرها (كمبيوتر)

installment
قسط، تقسيط

installment contract
عقد تركيب

installment sale
بيع بالتقسيط، بيع آجل

institutional investor
مستثمر اعتباري، منظم،
مؤسسة استثمار

institutional lender
مؤسسة إقراض (كالبنوك
وشركات التأمين)

instrument
أداة، وثيقة، مستند، صك

instrumentalities of
   transportation
وسائل النقل

instrumentality
وسيلة، وكالة حكومية

insurability
قابلية للتأمين

insurable interest
مصلحة قابلة للتأمين

insurable title
سند ملكية قابلة للتأمين
insurance
تأمين
insurance company (insurer)
شركة تأمين
insurance contract
عقد تأمين
insurance coverage
تغطية تأمينية
insurance settlement
تسوية تأمينية
insure
أمَّنَ، ضمن، أبرم عقد تأمين
insured
مؤمن عليه، صاحب وثيقة تأمين
insured account
حساب مؤمن عليه
insurgent
ثائر، متمرد
intangible asset
أصول غير حقيقية
intangible reward
مكافأة معنوية
intangible value
قيمة الأصول غير الحقيقية
integrated circuit
دائرة متكاملة
integration, backward
التكامل الخلفي
integration, forward
التكامل الأمامي
integration, horizontal
التكامل الأفقي
integration, vertical
التكامل الرأسي
integrity
سلامة، صحة، كمال، نزاهة
interactive
تفاعلي
interactive *(computer)*
تفاعلي (كمبيوتر)
interactive system
نظام تفاعلي
interest
فائدة، مصلحة، ربح
interest group
أصحاب المصالح
interest rate
سعر الفائدة، معدل الفائدة
interest sensitive policies
سياسات حساسة للتغيرات في أسعار الفائدة
interest-only loan
قرض غير مستهلك (تستحق الفائدة فيه على فترات منتظمة)
interface
وصلة بينية
interim audit
مراجعة مبدئية للحسابات
interim financing
تمويل مبدئي
interim statement
بيان مبدئي
interindustry competition
منافسة بين الصناعات
interlocking directorate
إدارة متداخلة، إدارة شركتين في وقت واحد
interlocutory decree
حكم تمهيدي، قرار تمهيدي
intermediary
وسيط
intermediate goods
سلع وسيطة

intermediate term
أجل متوسط

intermediation
توسط، وساطة

intermittent
production
إنتاج متقطع

internal audit
مراجعة داخلية، التدقيق الداخلي
للحسابات

internal check
بحث داخلي، تدقيق داخلي

internal control
الرقابة الداخلية

internal expansion
التوسع الداخلي

internal financing
التمويل الداخلي

internal memory
(computer)
الذاكرة الداخلية (كمبيوتر)

internal modem
(computer)
المودم الداخلي (كمبيوتر)

internal rate of return
(IRR)
معدل العائد الداخلي

Internal Revenue
Service (IRS)
إدارة الضرائب، مصلحة
الضرائب

International Bank for
Reconstruction and
Development
البنك الدولي للإنشاء والتعمير

international cartel
اتحاد دولي للمنتجين

international law
القانون الدولي

International
Monetary Fund
(IMF)
صندوق النقد الدولي

international
monetary market
سوق النقد الدولي

international union
الاتحاد الدولي

internet
الإنترنت

internet protocol (IP)
address
عنوان بروتوكول الإنترنت

internet service
provider
موفر خدمات الإنترنت

interperiod income tax
allocation
مخصص ضريبة الدخل بين
الفترات

interpleader
المتقاضي في دعوى فرعية،
دعوى فرعية

interpolation
إقحام كلمات في وثيقة

interpreter
مترجم، مفسر، لسان حال

interrogatories
استجواب، علامات استفهام

interval scale
مقياس يقوم عبي مراقبة الأشياء
علي فترات مختلفة وتحليل
المعلومات التي تتوفر من
المقارنة

interview
مقابلة، حوار

interview, structured
مقابلة منظمة، حوار منظم

interview, unstructured
مقابلة غير منظمة، حوار غير منظم

interviewer basis
أساس المقابلة

intestate
بلا وصية، وفاة بدون وصية

intraperiod tax allocation
تخصيص الضرائب بين الفترات

intrinsic value
القيمة الحقيقية، القيمة الذاتية

inventory
الجرد، المخزون

inventory certificate
شهادة جرد

inventory control
مراقبة المخزون

inventory financing
تمويل تكوين المخزون، التمويل بضمان المخزون

inventory planning
تنظيم المخزون

inventory shortage (shrinkage)
نقص المخزون

inventory turnover
معدل دوران المخزون، حركة المخزون

inverse condemnation
نزع ملكية معاكس، تنازل عن دين أو حق معاكس

inverted yield curve
المنحنى المعاكس للعائد

invest
يستثمر

investment
استثمار

investment advisory service
خدمة استشارات استثمارية

investment banker
وسيط بين مستثمر ومقترض

investment club
نادي استثمار

investment company
شركة استثمار، شركة توظيف أموال

investment counsel
محام استثمار، مستشار قانوني استثمار

investment grade
درجة أو تصنيف الاستثمار

investment interest expense
مصروفات فوائد الاستثمار

investment life cycle
دورة حياة الاستثمار

investment strategy
استراتيجية الاستثمار

investment trust
صندوق أمناء استثمار، شركة استثمار

investor relations department
قسم علاقات المستثمرين

invoice
فاتورة، قائمة حساب، يحرر فاتورة

involuntary conversion
تحويل غير اختياري، جبري

involuntary lien
رهن غير اختياري، جبري

involuntary trust
ائتمان غير اختياري، جبري

involuntary unemployment
بطالة قهرية، لا إرادية

inwood annuity factor
عامل الدخل الوارد

iota
ميل، نزعة

irregulars
بضاعة ردئية

irreparable harm, irreparable damage
ضرر لا يصلح، لا يعوض

irretrievable *(computer)*
متعذر استرداده أو استرجاعه (كمبيوتر)

irrevocable
غير قابل للإلغاء، غير قابل للرجوع فيه، لا رجعة فيه، نهائي

irrevocable trust
ائتمان غير قابل للإلغاء

issue
إصدار، نتيجة، مخرج، نزاع، قضية

issued and outstanding
مُصدر وواجب الدفع

issuer
محرر ورقة تجارية أو سند إذني

itemized deductions
استقطاعات مبوبة، مصنفة

iteration
تكرار

itinerant worker
عامل متجول

J

jawboning
الحض على إتباع التعليمات،
التوجيهات

J-curve
منحنى j (نظرية تفضي بأن
العجز التجاري يتفاقم في بلد ما
عندما تنخفض قيمة عملتها)

job
وظيفة، عمل

job bank
بنك الوظائف

job classification
تصنيف أو تبويب الوظائف

job cost sheet
بيان حساب تكاليف العمل

job depth
عمق العمل

job description
بيان، وصف الوظيفة

job evaluation
تقييم الوظيفة

job jumper
متصيد للوظائف

job lot
مجموعة سلع مختلفة تباع
بالجملة لأحد باعة التجزئة

job order
أمر شغل، أمر إنتاج

job placement
توظيف، إيجاد وظيفة لشخص

job rotation
تناوب وظيفي، التقلب بين
الوظائف

job satisfaction
الرضا عن العمل، الرضا
الوظيفي

job security
استقرار الوظيفة، ثبات

job sharing
اقتسام الوظائف، العمل

job shop
ورشة تعمل بنظام إنتاج
الطلبيات

job specification
مواصفات العمل، الوظيفة

job ticket
بطاقة الوظيفة

jobber
سمسار أوراق مالية، وسيط،
مُضَارب

joint account
حساب مشترك

**joint and several
liability**
مسئولية بالتضامن والتكافل

**joint and survivor
annuity**
معاش مشترك

**joint fare,
joint rate**
تعريفة مشتركة، سعر مشترك

joint liability
مسئولية مشتركة

joint product cost
تكلفة المنتج المشترك

joint return
عائد مشترك

joint stock company
شركة مساهمة

joint tendency
مُلكية مشتركة، حيازة غير قابلة
للتجزئة

joint venture
شركة مشتركة، مشروع
مشترك

jointly and severally
بالتضامن والتكافل

journal
دفتر اليومية

journal entry
قيد في دفتر اليومية

journal voucher
حافظة يومية، قسيمة مبررات
القيد في دفتر اليومية

journalize
يدون في دفتر اليومية

journeyman
حرفي يجيد عمله بعد فترة تمهن
أو مياوم

judgment
حكم، قرار

judgment creditor
دائن بمقتضى حكم

judgment debtor
مدين بحكم قضائي،مدين
محكوم عليه

judgment lien
امتياز محكوم به، حجز على
ممتلكات مدين بحكم قضائي إلى
حين سداد الدين

judgment proof
دليل الحكم، بينة الحكم

judgment sample
عينة الحكم

judicial bond
تعهد قضائي

judicial foreclosure or judicial sale
بيع قضائي أو حكم، نزع ملكية
قضائي

jumbo certificate of deposit
شهادة إيداع بمبلغ كبير

junior issue
إصدار ثانوي

junior lien
حق حجز من الدرجة الثانية
علي ملك

junior mortgage
رهن من الدرجة الثانية، رهن
ثان

junior partner
شريك حديث، شريك صغير،
آخر الشركاء

junior security
أوراق مالية من الدرجة الثانية

junk bond
سند عالي المخاطر والعائد، سند
رديء

jurisdiction
اختصاص، دائرة اختصاص،
سلطة قضائية

jurisprudence
فقه، اجتهاد قضائي

jury
هيئة المحلفين

just compensation
تعويض عادل

justifiable
قابل للتبرئة، له ما يبرره

justified price
ثمن له ما يبرره، ثمن عادل

K

Keogh plan
نظام Keogh (نظام التقاعد لأصحاب المهن الحرة وعمالهم)

key (*computer*)
مفتاح (كمبيوتر)

key person life and health insurance
تأمين صحي وعلى الحياة للشخصيات الرئيسية

key-area evaluation
تقييم المنطقة الرئيسية

keyboard (*computer*)
لوحة المفاتيح (كمبيوتر)

kickback
مردودات (استرداد صاحب العمل جزء من رواتب عماله)، عمولة خفية، مبلغ يدفع للمُقرض إضافة إلى أصل القرض وفوائده

kicker
حافز

kiddie tax
ضريبة علي دخل غير مكتسب (من الفوائد مثلا) لمن هم دون الرابعة عشرة من العمر

killing
قتل، وقف

kiting
زيادة كبيرة غير مبررة، طرح شيكات بالسوق بدون رصيد

know-how
دراية، خبرة، معرفة

knowledge intensive
حافز المعرفة

know-your-customer rule
قاعدة اعرف عميلك

kudos
شهرة، مجد

L

labeling laws
قوانين وضع العلامات
labor
العمل، اليد العاملة، العمالة
labor agreement
اتفاق عمالي، اتفاق عمل جماعي
labor dispute
نزاع عمالي
labor force
القوة العاملة
labor intensive
كثيف العمل
labor mobility
قدرة العمل على الحركة، انتقال العمال من عمل لآخر، مرونة اليد العاملة،
labor piracy
قرصنة العمل، إغراء العمال، اجتذاب العمال من مؤسسة لمؤسسة
labor pool
مجمع عمال
labor union
نقابة عمالية
laches
تقصير في المطالبة بالحق
lading
تحميل، شحن، شحنة، حمولة
lagging indicator
مؤشر لاحق للحدث
LAN (local area network) (*computer*)
شبكة محلية (كمبيوتر)
land
أرض، عقار، تهبط (الطائرة)، ترسو (السفينة)

land banking
العمليات المصرفية العقارية، عمليات الاستثمار العقاري المصرفية
land contract
عقد بيع عقار
land development
تحسين الأرض
land trust
صندوق استثمار عقاري
landlocked
محاط أو مكتنف بالأرض،
landlord
مالك العقار، مؤجر
landmark
معلم، علامة بارزة منظر (تنسيق)
landscape (format) (*computer*)
منظر (تنسيق) (كمبيوتر)
land-use intensity
كثافة الانتفاع بالأرض، استعمال الأراضي
land-use planning
تخطيط الانتفاع بالأرض تخطيط استعمال الأراضي
land-use regulation
تنظيم الانتفاع بالأرض، استعمال الأراضي
land-use succession
تعاقب أو أيلولة الانتفاع بالأراضي أو استعمال الأراضي
lapping
اختلاس

lapse
هفوة، هبوط، سقوط الحق، انقضاء الزمن

lapsing schedule
جدول منتهي، منقضي

last in, last out (LIFO)
آخر من دخل هو آخر من يخرج

last sale
بيع نهائي

latent defect
عيب مستتر، كامن، خفي

latitude
حرية العمل أو الاختيار، نطاق

law
قانون

law of diminishing returns
قانون الغلة المتناقصة، قانون تناقص الغلة

law of increasing costs
قانون التكاليف المتزايدة

law of large numbers
قانون الأعداد الكبيرة

law of supply and demand
قانون العرض والطلب

lay off
تسريح العمال، إنهاء الخدمة مؤقتا، فترة بطالة

lead time
الفترة ما بين تاريخ طلب توريد بضاعة وتاريخ تسليمها

leader
رائد، قائد، أوراق مالية رائدة

leader pricing
تسعير بخس للشهرة

leading indicators
مؤشرات سابقة للحدث

lease
إيجار، إجارة، عقد إيجار

lease with option to purchase
عقد إيجار مع حق الخيار في الشراء

leasehold
ممتلكات مستأجرة، عقار مخصص للإيجار، حيازة على سبيل الإيجار

leasehold improvement
تحسين ممتلكات مستأجرة

leasehold insurance
تأمين ممتلكات مستأجرة

leasehold mortgage
رهن عقار مستأجر

leasehold value
قيمة العقار المستأجر

least-effort principle
مبدأ الجهد الأدنى

leave of absence
إجازة غياب، إذن غياب

ledger
دفتر الأستاذ، سجل

legal entity
هيئة اعتبارية، شخص قانوني، كيان قانوني

legal investment
استثمار مشروع

legal list
القائمة القانونية

legal monopoly
احتكار قانوني

legal name
اسم قانوني

legal notice
إخطار قانوني، - إشعار

legal opinion
وجهة نظر قانونية، رأى قانوني

legal right
حق قانوني

legal tender
عملة رسمية، عملة ذات قوة إبراء قانوني، قوة إبراء قانونية

legal wrong
خطأ قانوني

legatee
موصى له

lender
المُقرض، المُعير

less than carload (L/C)
أقل من حمولة العربة

lessee
المستأجر

lessor
المُؤجر

letter of intent
خطاب العزم، خطاب نوايا

letter stock
أسهم يتعهد مشتريها بأنها للاستثمار وليست للبيع الفوري

level debt service
خدمة الدين على أقساط سنوية متساوية

level out
تستقر الأسعار

level premium
أقساط متساوية

level-payment income stream
تدفق الدخل على دفعات متساوية

level-payment mortgage
رهن بدفعات متساوية

leverage
الرافعة، نسبة المبالغ المقترضة إلى رأس المال، الاقتراض لزيادة القوة الشرائية، المنحنى العكسي

leveraged buyout (LBO)
شراء الأسهم بأموال معظمها مقترض

leveraged company
شركة ذات رأس مال مقترض

leveraged lease
عقد إجارة بالاقتراض

levy
فرض ضريبة، جباية، مكوس

liability
مسئولية، التزام، خصوم

liability dividend
أرباح اسمية ذممية، أرباح اسمية على شكل مستندات مستحقة الدفع

liability insurance
تأمين ضد المسئولية تجاه الغير، ضمان المسئولية

liability, business exposures
التزامات ناشئة عن مخاطر تجارية

liability, civil
مسئولية مدنية

liability, criminal
مسئولية جنائية

liability, legal
مسئولية قانوني

liability, professional
مسئولية مهنية

liable
خاضع، مسئول عن، مطالب

libel
تشهير، طعن

license
ترخيص، رخصة، إذن

license bond
ضمان ترخيص

license law
قانون ترخيص

licensee
المرخص له

licensing examination
امتحان الترخيص

lien
حق الحجز ضماناً، رهن

life cycle
دورة العمر

life estate
ملكية مدى الحياة

life expectancy
متوسط العمر المتوقع

life tenant
مستأجر مدى الحياة

lighterage
رسوم نقل بالصندل

like-kind property
ممتلكات متكافئة، ممتلكات مرادفة (عقارية أو شخصية من نفس النوع قابلة للتبادل في العقد)

limit order
الأمر المحدد

limit up, limit down
الحد الأقصى والحد الأدنى المسموح به لتحرك الأسعار خلال يوم واحد

limited audit
مراجعة محدودة للحسابات

limited company
شركة محدودة

limited distribution
توزيع محدود

limited liability
مسئولية محدودة

limited occupancy agreement
عقد حيازة محدود

limited or special partner
شريك موص أو شريك محاصة

limited partnership
شركة توصية بسيطة

limited payment life insurance
تأمين مدى الحياة بأقساط محددة

line
حد، خط، كمية كبيرة من الأسهم

line and staff organization
تنظيم الموظفين والمسؤولين التنفيذيين والاستشاريين

line authority
السلطة التنفيذية، خط السلطة، تدرج السلطة

line control
رقابة تنفيذية

line extension
زيادة في نطاق المنتجات، زيادة في خط الإنتاج

line function
نشاط الشركة الرئيسي، دور المدير التنفيذي (وظيفته التي يؤديها في شركة ما)

line management
الإدارة التنفيذية

line of credit
خط ائتمان، خط تمويل، حد ائتمان

line organization
تنظيم رئاسي، التنظيم الرأسي

line pitch (*computer*)
مقياس نقاوة عرض الصورة (كمبيوتر)

line printer
طابعة بالسطر

link (*computer*)
حلقة، وصلة، موصل

linked object
(*computer*)
هدف أو شيء مرتبط أو متصل
بشيء آخر (كمبيوتر)

liquid asset
أصول سائلة

liquid crystal display
(LCD) (*computer*)
لوحة عرض ذات بلورة سائلة
(كمبيوتر)

liquidate
يصفي

liquidated damages
تعويضات متفق عليها عن
أضرار

liquidated debt
دين متفق على مبلغه واستحقاقه

liquidated value
قيمة تحت التصفية، قيمة
التصفية

liquidation
تصفية، سداد

liquidation dividend
توزيع أصول شركة تحت
التصفية

liquidity
سيولة، أموال متاحة

liquidity preference
تفضيل السيولة

liquidity ratio
نسبة السيولة

list
قائمة، كشف، بيان

list price
قائمة الأسعار، السعر حسب
قائمة الأسعار

listed options
عقد خيار مسجل في البورصة

listed security
أوراق مالية مسجل في
البورصة

listing
إدراج في قائمة، تسجيل، قيد
في قائمة أسعار البورصة،
تكليف سمسار بالبيع

listing agent, listing
broker
وكيل مكلف بالبيع، سمسار
مكلف بالبيع

listing
requirements
شروط التسجيل في البورصة

litigant
طرف في دعوى قضائية

litigation
إقامة دعوى قضائية

living trust
ائتمان ساري المفعول في حياة
الفرد الذي يؤسسه

load
حمولة، شحنة، حمل، عبء

load fund
صندوق تباع أسهمه بسعر
شامل لرسم مبيعات

loan
قرض، يقرض

loan application
طلب القرض

loan committee
لجنة القروض

loan value
قيمة القرض

loan-to-value ratio
(LTV)
نسبة أصل القرض إلى قيمة
الضمان

lobbyist
قائم بالدهلزة أو ممارسة
الضغط (قائم بمحاولة كسب
التأييد أو التأثير على الآخرين
بصدد مسألة تعنيه)

lock box

صندوق بريدي توفره البنوك للشركات حيث توجه عملائها للدفع عن طريقه، وتقوم البنوك بمعالجة ذلك وإيداع الأموال في حساب الشركة)

locked in

مُجمد، مُحاصر

lockout

الإغلاق التعجيزي

lock-up option

خيار التجميد

log in (log on) (computer)

الولوج إلى النظام أو الدخول (كمبيوتر)

log off (computer)

خروج (كمبيوتر)

logic diagram (computer)

رسم بياني منطقي (كمبيوتر)

login identification (login ID) (computer)

التعرف على اسم المستخدم بإدخال كلمة السر وبريده

logo

شعار

long bond

سند دين طويل الأجل

long coupon

فوائد السندات طويلة الأجل

long position

مركز طويل، مركز عملة دائن

longevity pay

علاوة أقدمية، تعويض عن الأقدمية

long-range planning

تخطيط بعيد المدى، ـ طويل الأجل

long-term debt or long-term liability

دين طويل الأجل، أو التزام طويل الأجل

long-term gain (loss)

(خسارة) مكاسب طويلة الأجل

long-term trend

اتجاه طويل الأجل، ـ بعيد المدى

long-wave cycle

دورة الموجة الطويلة

loop

دائرة كهربائية مغلقة، مجموعة أوامر (كمبيوتر)، دوار

loophole

ثغرة، منفذ، مهرب (في نص أو عقد)

loose rein

مطلق العنان

loss

خسارة

loss adjustment

تسوية الخسائر

loss carryback

ترجيع الخسارة

loss carryforward

ترحيل الخسارة

loss contingency

احتمال الخسارة

loss leader

السلعة الجذابة (سلعة تباع بأقل من قيمتها الحقيقية لاجتذاب العملاء)

loss of income insurance

فقدان تأمين الدخل

loss ratio

نسبة الخسارة، ـ الخسائر

lot and block
طرية للإشارة إلى الملكية التي
تم تحديد معالمها في دفتر
السجلات العامة

lot line
خط الحدود في دفتر تحديد
المعالم

lottery
يا نصيب

low
منخفض، أدنى سعر

low resolution
(*computer*)
نقاوة منخفضة، استبانة
منخفضة (كمبيوتر)

lower case
character/letter
(*computer*)
الحرف الصغير (كمبيوتر)

lower cost or market
التكلفة أو سعر السوق أيهما أقل

lower-involvement
model
نموذج الاشتراك الأدنى

low-grade
نوعية رديئة، درجة منخفضة

low-tech
تكنولوجيا غير متطورة

lump sum
مبلغ مقطوع، دفعة واحدة

lumpsum
distribution
توزيع على شكل مبلغ مقطوع

lump-sum
purchase
شراء بمبلغ إجمالي

luxury tax
ضريبة كماليات

M

macro *(computer)*
ماكرو- أمر يبدأ سلسلة من العمليات الإضافية لكي يعمل (كمبيوتر)

macroeconomics
الاقتصاد الكلي

macroenvironment
بيئة شاملة

magnetic card *(computer)*
بطاقة ممغنطة (كمبيوتر)

magnetic strip *(computer)*
شريحة ممغنطة (كمبيوتر)

mail fraud
احتيال أو تدليس بريدي

mailbox *(computer)*
صندوق البريد (كمبيوتر)

mailing list
قائمة بالعناوين البريدية، قائمة بريدية

main menu *(computer)*
قائمة رئيسية (كمبيوتر)

mainframe *(computer)*
حاسب إلكترونى ضخم يخدم عدة محطات مرتبطة ببعضها (كمبيوتر)

maintenance
صيانة، محافظة، معيشية، دعم، إعالة

maintenance bond
ضمان الصيانة

maintenance fee
رسم مسك حساب، رسم يتقاضاه بنك أو سمسار مقابل مسك حساب عميل

maintenance method
طريقة الصيانة

majority
الأغلبية، سن الرشد

majority shareholder
حامل أكثرية الأسهم

maker
صانع، محرر، مكتتب

make-work
إتاحة فرص العمل

malicious mischief
ضرر متعمد

malingerer
متمارض

malingering
التمارض

mall
منطقة عامة تجمع عدد من المتاجر في مركز تسويق

malpractice
تقصير، إهمال وظيفي، سوء تصرف

manage
يدير، يوجه، يدبر

managed account
حساب مُدار

managed currency
عملة مُوجهة

managed economy
اقتصاد موجه

management
إدارة، توجيه، تسيير، تنظيم

management agreement
اتفاقية إدارة

management audit
تدقيق الإدارة، المراجعة
الإدارية

management by crisis
معالجة الأزمات، الإدارة
بالأزمات

management by exception
الإدارة بالاستثناء

management by objective (MBO)
الإدارة بالأهداف

management by walking around (MBWA)
إدارة عن طريق التجول (إدارة ميدانية)

management consultant
مستشار إداري

management cycle
دورة الإدارة

management fee
رسم إدارة

management game
لعبة الإدارة

management guide
دليل الإدارة

management information system (MIS)
نظام المعلومات الإدارية

management prerogative
اختصاصات الإدارة

management ratio
نسب إدارية، نسب الإدارة،
نسبة مكافأة مجلس الإدارة

management science
علم الإدارة

management style
أسلوب الإدارة

management system
نظام الإدارة، نظام إداري

manager
مدير، مدير إداري

managerial accounting
المحاسبة الإدارية

managerial grid
الشبكة الإدارية

mandate
توكيل، تفويض، انتداب،
اختصاص، ولاية

mandatory copy
نسخة إلزامية

man-hour
ساعات العمل للرجل

manifest
بيان الشحنة، مانيفستو، بيان،
واضح

manipulation
مضاربة مفتعلة للتأثير على
الأسعار، المناورة بالأسعار،
تلاعب

manual
دليل

manual skill
مهارة يدوية

manufacture
تصنيع، تشغيل، صنع، يصنع

manufacturing cost
تكلفة التصنيع

manufacturing inventory
مخزون التصنيع

manufacturing order
طلب تصنيع

map
خريطة، رسم بياني

margin

حد، هامش

margin account

حساب الهامش، حساب على المكشوف

margin call

طلب تغطية، احتياطي السوق

margin of profit

هامش الربح، حد الربح

margin of safety

حد الأمان، حد السلامة

marginal cost

التكلفة الحدية

marginal cost curve

منحنى التكلفة الحدية

marginal efficiency of capital

الكفاءة الحدية لرأس المال (معدل الربح المتوقع من استثمار رأس المال)

marginal producer

منتج حدي

marginal propensity to consume (MPC)

الميل الحدي للاستهلاك

marginal propensity to invest

الميل الحدي للاستثمار

marginal propensity to save (MPS)

الميل الحدي للادخار

marginal property

ممتلكات تدر ربحا بالكاد عند إستخدامها

marginal revenue

الإيراد الحدي

marginal tax rate

معدل الضريبة الحدي

marginal utility

المنفعة الحدية

margins

هوامش، حدود، مجالات حركة سعر الصرف الفوري

marital deduction

تخفيض ضريبي يتيح للزوجين نقل مبالغ غير محددة من الممتلكات لكل منهما الآخر

mark to the market

تقييم استثمار على أساس أسعار السوق

markdown

تخفيض أو خفض الأسعار

market

سوق، بورصة

market aggregation

تراكم السوق، تكدس السوق

market analysis

تحليل السوق

market area

منطقة السوق

market basket

سلة السوق

market comparison approach

نظرية مقارنة السوق

market demand

طلب السوق

market development index

مؤشر نمو السوق

market economy

اقتصاد السوق

market equilibrium

توازن السوق

market index

مؤشر السوق

market letter

نشرة البورصة، نشرة السوق

market order

أمر السوق، أمر شراء أو بيع بالسعر السائد في السوق

market penetration
اختراق السوق، دخول السوق
market price
سعر السوق
market rent
ريع السوق، إجارة السوق
market research
بحوث السوق
market segmentation
تجزئة السوق
market share
حصة في السوق، نصيب في السوق
market system
نظام السوق
market test
اختبار السوق
market timing
توقيت عمليات السوق (بيعاً أو شراءً)
market value
القيمة السوقية
market value clause
شرط القيمة السوقية
marketability
القابلية للتسويق
marketable securities
أوراق مالية قابلة للتسويق
marketable title
ملكية قابلة للتسويق
marketing
تسويق
marketing concept
مفهوم التسويق
marketing director
مدير التسويق
marketing information system
نظام المعلومات التسويقية
marketing mix
المزيج التسويقي
marketing plan
خطة التسويق، خطة تسويقية
marketing research
بحوث التسويق، بحوث تسويقية
markup
رفع السعر، الربح الإجمالي، هامش الربح
marriage penalty
عقوبة ضريبية على الزوجين (لأنهم يدفعون على الإقرار الضريبي المشترك أكثر مما لو كانا غير متزوجين)
Marxism
الماركسية
mask *(computer)*
قناع (كمبيوتر)
mass appeal
جذب أو إغراء الجماهير
mass communication
الاتصال الجماهيري
mass media
وسال الإعلام
mass production
الإنتاج بالجملة، الإنتاج الكبير
master boot record *(computer)*
الجزء الأول من القرص الصلب والذي يحتوي على معلومات كافية تعرف هيكل القرص وشفرة البرمجة لتحميل البرامج (كمبيوتر)
master lease
عقد الإيجار الرئيسي
master limited partnership
شركة توصية بسيطة رئيسية
master plan
خطة رئيسية
master policy
بوليصة رئيسية

master-servant rule
قانون سيد العمل والعامل (قانون يلتزم به أصحاب العمل بحماية الجمهور من العاملين معهم)

masthead
البيانات الإدارية (التي تنشر في كل عدد من أعداد جريدة أو مجلة وتتضمن اسمها وصاحبها وأجور الاشتراك وغير ذلك)، عنوان الصحيفة أو المجلة، معلومات الصحافة

matching principle
مبدأ المماثلة، مبدأ المناظرة

material
مادي، مادة

material fact
واقعة مادية، فعل مادي

material man
الرجل الذى يوفر المواد المستخدمة في بناء أو إصلاح مبني أو عقار

materiality
المادية

materials handling
مناولة المواد

materials management
إدارة المواد، تدبير المواد

matrix
مصفوفة، سجل أصلي، جدول مقسم إلى خانات

matrix organization
المنظمة الأم

mature economy
اقتصاد ناضج (مكتمل النمو)

matured endowment
وقف ناجز (نُفذت كل شروطه)

maturity
استحقاق، أجل استحقاق، حلول موعد، مرحلة البلوغ أو النضوج

maturity date
تاريخ الاستحقاق

maximize (*computer*)
يكبر الصورة إلى أقصى حد (في واجهة المستخدم الرسومية توسيع النافذة بحيث تملأ الشاشة)(كمبيوتر)

maximum capacity
الطاقة القصوى

MCAT
سندات وزارة الخزانة (ام) وهي سندات تباع بخصم كبير ولا تدفع فوائدها بالكامل الا عند إستحقاقها

mean return
متوسط العائد

mean, arithmetic
متوسط حسابي

mean, geometric
متوسط هندسي

mechanic's lien
حق حجز علي ممتلكات عقارية يمنع المتعاقد من حصة فيها إذا كان هذا الرهن واجب الدفع

mechanization
ميكنة، أداء آلي

media
وسائل

media buy
شراء الإعلانات أو الإعلان

media buyer
مشتري لمساحة من الإعلانات

media plan
خطة وسائل الإعلام

media planner
مخطط وسائل الإعلام

media player
أداة تشغيل الصوت

media player (*computer*)
أداة تشغيل الصوت (كمبيوتر)

media weight
ثقل وسائل الإعلام، أهمية
وسائل الإعلام

mediation
وساطة، توسط ، مصالحة

medical examination
كشف طبي، فحص طبي

medium
متوسط، وسيلة، وسط، بيئة

medium of exchange
أداة تبادل، وسيلة تبادل

medium-term bond
سند متوسط الأجل

meeting of the minds
تلاقي الأفكار

megabucks
ملايين الدولارات

megabyte
ميغابايت

member bank
مصرف عضو، البنك العضو

member firm or
 member corporation
مؤسسة عضو، أو شركة عضو

memorandum
مذكرة، بيان حساب

memory *(computer)*
ذاكرة (كمبيوتر)

menial
وضيع

menu bar *(computer)*
شريط القوائم (كمبيوتر)

mercantile
تجاري

mercantile agency
وكالة تجارية

mercantile law
القانون التجاري

mercantilism
مذهب التجاريين

merchandise
بضائع، سلع، يتاجر، يروج

merchandise
 allowance
أجر يدفعه الصانع لمن يبيع مرة
ثانية مقابل بذله جهود ترويجية
خاصة للسلع، مخصص ترويج
المبيعات (يستهدف تجار
التجزئة)

merchandise broker
سمسار بضائع

merchandise control
مراقبة البضائع أو السلع

merchandising
ترويج السلع، تصريف السلع

merchandising
 director
مدير تجاري

merchandising
 service
خدمة ترويج السلع، تصريف
السلع

merchant bank
بنك التجار، بنك قبول، بنك
تجارة دولية

merchantable
قابل للتسويق، رائج

merge
يدمج، يندمج

merger
اندماج

merit increase
علاوة مقابل الجدارة

merit rating
تصنيف الجدارة، قياس الجدارة

metes and bounds
الحدود والأبعاد (طريقة لمسح
الأراضي تصف الأرض وتحدد
حدودها)

methods-time measurement (MTM)
توحيد قياس االوقت المطلوب لانجاز مهمة ما وذلك بتحديد متوسط الفواصل الزمنية للانتاج

metric system
النظام المتري

metrication
(تمتير) تحويل المقاييس والأوزان إلى النظام المتري

metropolitan area
العاصمة، المدينة الرئيسية

microeconomics
الاقتصاد الجزئي

micromotion study
تحليل سلسلة من الحركات القصيرة جدا التي تتعاقب بسرعة كبيرة جدا ترتبك معها العين

midcareer plateau
مرحلة أثناء خدمة المدراء تتسم بالتجمد وعدم القدرة علي التقدم بسبب العراقيل

middle management
الإدارة الوسطى

midnight deadline
موعد منتصف الليل النهائي

migrate *(computer)*
يتحرك بين الأنظمة، ارتحال البيانات كثيرة الاستعمال إلى مناطق في الذاكرة سهلة الوصول(كمبيوتر)

migratory worker
عامل مهاجر، عامل تراحيل

military-industrial complex
مُجمع صناعي عسكري

milking
ابتزاز، استغلال، استنزاف

milking strategy
استراتيجية الابتزاز أو الاستغلال

mileage rate
معدل الضريبة على الممتلكات معبر عنها بالميل

millionaire
مليونير

millionaire on paper
مليونير على الورق

mineral rights
حقوق استخراج المعادن

minimax principle
مبدأ الحد الأقصى والأدنى

minimize *(computer)*
يصغر (كمبيوتر)

minimum lease payments
الحد الأدنى لمدفوعات الإيجار

minimum lot area
أصغر مساحة يمكن البناء عليها

minimum pension liability
الحد الأدنى للالتزام بالمعاش

minimum premium deposit plan
نظام الحد الأدنى لودائع أقساط التأمين

minimum wage
الحد الأدنى للأجور

minor
قاصر، صغير

minority interest or **minority investment**
حصة الأقلية أو استثمار الأقلية

mintage
سك النقود

minutes
محضر الاجتماع، محضر، مضبطة

misdemeanour
جنحة، مخالفة

mismanagement
سوء الإدارة

misrepresentation
تلفيق، بيان كاذب

misstatement of age
بيان كاذب، بيان مزور عن العمر

mistake
خطأ

mistake of law
خطأ قانوني

mitigation of damages
تخفيف الأضرار

mix
مزيج، خليط، توليفة

mixed economy
اقتصاد مُختلط

mixed perils
مخاطر مشتركة

mixed signals
مؤشرات مختلطة

mode
طريقة، نموذج

model unit
وحدة نمطية

modelling
وضع النماذج، نمذجة، تشكيل

modeling language
لغة التشكيل أو الصياغة

modern portfolio theory (MPT)
نظرية المحفظة الاستثمارية الحديثة

modified accrual
استحقاق معدل

modified life insurance
تأمين على الحياة معدل

modified union shop
منشأة نقابية معدلة

module (computer)
وحدة قياس (كمبيوتر)

mom and pop store
متجر صغير (تمتلكه وتديره أعضاء الأسرة)

momentum
قوة دفع، كمية الحركة

monetarist
خبير مالي في نظرية عرض النقود

monetary
نقدي

monetary item
مفردات نقدية

monetary reserve
احتياطيات نقدية

monetary standard
قاعدة النقود

money
النقود ، عملة، مال

money illusion
وهم النقود

money income
دخل نقدي

money market
السوق النقدية

money market fund
صندوق استثمار في سوق النقد أي في قروض قصيرة الأجل

money supply
عرض النقود

monopolist
احتكاري، محتكر

monopoly
احتكار

monopoly price
سعر احتكاري

monopsony
احتكار الشراء

monthly compounding of interest
التراكب أو التضاعف الشهري للفائدة

monthly investment plan
خطة استثمار شهرية

month-to-month tenancy
إيجار شهري

monument
أثر، معلم

moonlighting
الجمع بين أكثر من وظيفة

moral hazard
المخاطرة الأدبية

moral law
قانون أخلاقي

moral obligation bond
ضمان التزام أدبي

moral suasion
إقناع

morale
الروح المعنوية

moratorium
تأجيل دفع الديون، تأجيل أخلاقي

mortality table
جدول نسبة الوفيات

mortgage
رهن

mortgage assumption
تحمل الرهن

mortgage banker
مصرفي رهنيات عقارية

mortgage bond
سند دين بضمان عقاري أو أصول معينة، سند رهن عقاري

mortgage broker
سمسار رهن

mortgage commitment
التزام سمسار

mortgage constant
نسبة الدين إلى المبلغ المسترد

mortgage correspondent
الوسيط الذي يعمل في قروض الرهن مقابل رسوم

mortgage debt
دين بضمان رهن عقاري

mortgage discount
خصم على رهن

mortgage insurance
تأمين رهن

mortgage insurance policy
بوليصة تأمين رهن

mortgage lien
حق حجز ضماناً لقرض عقاري

mortgage out
الحصول على قرض بتكلفة عمل المشروع

mortgage relief
تحرر من الرهن من خلال اضطلاع طرف ثالث آخر بالرهن أو بسداد الدين

mortgage servicing
خدمة قرض عقاري

mortgage-backed certificate
شهادة بضمان عقاري

mortgage-backed security
ورقة مالية بضمان عقاري

mortgagee
المُرتهن (الدائن أو المُقرض)

mortgagor
الراهن (المدين أو المقترض)

motion study
دراسة الحركة

motivation
دافعية، تحفيز، حافز

motor freight
شحن بري بالسيارات

mouse *(computer)*
فأرة (كمبيوتر)

mouse pad *(computer)*
منصة الفأرة (كمبيوتر)

movement
حركة، تنقل، نقل، تداول

mover and shaker
مدبر النشاط

moving average
المتوسط المتحرك

muckraker
واشي، أفاك

multibuyer
عدة مشترين، متعدد المشترين

multicasting *(computer)*
الإرسال المتعدد للبيانات للعديد من المستخدمين (كمبيوتر)

multicollinearity
ارتباط المتغيرات المستقلة ضمن معادل انحدار معينة

multiemployer
متعدد العاملين

multiemployer bargaining
مفاوضة أو صفقة متعددة أصحاب العمل

multifunction *(computer)*
متعدد الوظائف أو الأغراض (كمبيوتر)

multimedia
متعدد الوسائط

multinational corporation (MNC)
شركة متعددة الجنسيات

multiple
متعدد، مضاعف، مركب

multiple listing
تكليف عدة سماسرة لبيع أو تأجير العقار

multiple locations forms
نماذج المواقع المتعددة

multiple regression
انحسار أو ارتداد مضاعف

multiple retirement ages
أعمار التقاعد المتعددة

multiple shop
متجر متعدد الفروع

multiple-management plan
خطة الإدارة المتعددة

multiple-peril insurance
تأمين ضد المخاطر المتعددة

multiplier
مُضاعف

multiuser *(computer)*
متعدد المستخدمين (كمبيوتر)

municipal bond
سندات بلديات

municipal revenue bond
سندات دين تسدد من إيرادات البلدية المصدرة لها، سندات بلديات إيرادية

muniment of title
صك ملكية، سند تمليك

mutual association
اتحاد مشترك

mutual company
شركة تبادلية

mutual fund
صندوق استثمار، صندوق ائتمان

mutual insurance company

شركة تأمين تعاوني

mutuality of contract

تبادلية العقد

N

naked option
عقد خيار عارٍ من أى سند

naked position
مركز مكشوف

name position bond
ضمان لصاحب العمل ضد خيانة الأمانة

name schedule bond
بوليصة ضمان اجتماعي مُسماة

named peril policy
بوليصة تأمين ضد المخاطر محددة بالاسم

national wealth
ثروة قومية

nationalization
تأميم

natural business year
السنة التجارية الطبيعية

natural monopoly
احتكار طبيعي، -واقعي

natural resources
موارد طبيعية

navigation (computer)
استكشاف، تنقل (كمبيوتر)

near money
شبه نقود، موجودات قابلة للتحويل إلى نقود

need satisfaction
إشباع الحاجة

negative amortization
إهلاك سلبي

negative carry
اقتراض سلبي أو غير موات (الاقتراض لتمويل استثمار يولد معدل عائد منخفض أقل من تكلفة الاقتراض)

negative cash flow
تدفق نقدي سلبي

negative correlation
ترابط عكسي بين متغيرين

negative income tax
ضريبة دخل سالبة

negative working capital
رأس مال عامل سلبي

negligence
إهمال

negociated price
سعر مُمارسة (متفاوض عليه)

negotiable
قابل للتداول، قابل للتفاوض

negotiable certificate of deposit
شهادة إيداع قابلة للتداول

negotiable instrument
أدوات قابلة للتداول، أوراق تجارية قابلة للتداول

negotiable order of withdrawal (NOW)
طلب سحب قابل للتداول

negotiated market price
سعر سوق اتفاقي (متفاوض عليه)

negotiation
تفاوض، تداول، ممارسة

neighborhood store
متجر مجاور

neoclassical economics
اقتصاد تقليدي حديث

nepotism
محاباة الأقارب

nest egg
نواة ادخار أو استثمار

net
صافي

net asset value (NAV)
صافي قيمة الأصول

net assets
صافي الأصول

net book value
صافي قيمة الدفترية

net contribution
صافي المساهمة

net cost
صافي تكلفة

net current assets
صافي الأموال الجارية

net income
صافي الدخل

net income per share of common stock
صافي نصيب السهم في الأرباح

net leasable area
صافة المنطقة القابلة للإيجار

net lease
عقد إيجار صاف

net listing
صافي تكليف السمسرة لبيع أو تأجير العقار

net loss
صافي الخسارة، خسارة صافية

net national product
صافي الناتج القومي

net operating income (NOT)
صافي دخل العمليات

net operating loss (NOL)
صافي خسارة العمليات

net present value (NPV)
صافي القيمة الحالي

net proceeds
صافي الإيرادات، صافي المتحصلات

net profit
الربح الصافي

net profit margin
هامش ربح صاف

net purchases
صافي المشتريات

net quick assets
صافي الأصول الحاضرة، صافي الأصول السائلة

net rate
صافي المعدل

net realizable value
صافي ثمن البيع

net sales
صافي المبيعات

net surfing *(computer)*
استكشاف شبكة الإنترنت (كمبيوتر)

net transaction
معاملة صافية

net yield
العائد الصافي

network *(computer)*
شبكة (كمبيوتر)

network administrator *(computer)*
مدير الشبكة (كمبيوتر)

networking
تكوين شبكات من العلاقات والمعارف، ارتباط شبكات الكمبيوتر ببعضها

new issue
إصدار جديد

new money
ثروة مكتسبة حديثاً

new town
مدينة جديدة

newspaper syndicate
نقابة الصحفيين

niche
الموضع الائق

night letter
رسالة ليلية

node *(computer)*
طرف أو نقطة في شبكة كمبيوتر (كمبيوتر)

no-growth
بلا نمو، غير نام

no-load fund
صندوق لا يتقاضى عمولة ثابتة من المستثمرين

nominal account
حساب أسمي

nominal damages
تعويضات بسيطة

nominal interest rate
سعر الفائدة الاسمي

nominal scale
مقياس اسمي

nominal wage
أجر صوري

nominal yield
العائد الاسمي، الريع الاسمي

nominee
المالك المسجل للسهم، المُعين، المُرشح

noncallable
غير قابل للاستدعاء إلا عند الاستحقاق

noncompetitive bid
عطاء غير مفتوح، عطاء غير تنافسي

nonconforming use
استخدام يتجاوز الحدود القانونية

noncontestability clause
شرط عدم المنافسة

noncumulative preferred stock
أسهم ممتازة غير مجمعة الأرباح

noncurrent asset
أصول غير متداولة

nondeductibility of employer contributions
عدم قابلية مساهمة رب العمل للخصم

nondiscretionary trust
حساب ائتمان غير تقديري

nondisturbance clause
شرط عدم التوزيع

nondurable goods
سلع غير معمرة

nonformatted *(computer)*
غير منسق (كمبيوتر)

nonglare *(computer)*
غير ساطع (كمبيوتر)

nonmember bank
مصرف غير عضو

nonmember firm
مؤسسة غير مقيدة

nonmonetary item
بند غير نقدي

nonnegotiable instrument
أدوات غير قابلة للتداول

nonoperating expense (revenue)
النفقات غير المتعلقة بعمليات التشغيل

nonparametric statistics
إحصاءات غير كمية

nonperformance
عدم الوفاء بالالتزام

nonproductive
غير منتج، غير عقيم
nonproductive loan
قرض عقيم، قرض غير منتج
nonprofit accounting
محاسبة لا تستهدف الربح
nonprofit corporation
شركة لا تستهدف الربح
nonpublic information
معلومات غير عامة، سرية
nonrecourse
دون حق الرجوع
nonrecurring charge
تكاليف غير متكررة
nonrefundable
غير قابل للرد
nonrefundable fee or nonrefundable deposit
رسوم غير قابلة للرد، أو تأمين غير قابل للرد
nonrenewable natural resources
موارد طبيعية غير متجددة
nonstock corporation
شركة غير مساهمة
nonstore retailing
بيع بالتجزئة في غير منافذ المتاجر (عبر الإنترنت مثلاً)
nonvoting stock
أسهم غير تصويتية
no-par stock
سهم بدون قيمة اسمية
norm
نموذج، معيار
normal price
السعر الاعتيادي، سعر عادي
normal profit
ربح عادي
normal retirement age
سن التقاعد العادي
normal wear and tear
استهلاك ناشئ عن الاستعمال العادي
normative economics
اقتصاد معياري
no-strike clause
شرط عدم الإضراب
not for profit
غير معد للربح، لا يستهدف الربح
not rated (NR)
غير مقدر، غير مصنف
notarize
يوثق، يصادق على
note
سند دين متوسط الأجل، سند أذني، ورقة نقد، تعهد بالدفع
note payable
أوراق الدفع، أذون مستحقة الدفع
note receivable
أوراق القبض، أذون مستحقة القبض
notebook computer *(computer)*
كمبيوتر شخصي صغير (كمبيوتر)
notice
إشعار، إخطار
notice of cancellation clause
إشعار شرط الفسخ
notice of default
إشعار بالتقصير في الدفع
notice to quit
إنذار بترك العمل، بالإخلاء

novation

تجديد (إحلال دين جديد محل
دين قديم)، إحلال دائن أو مدين
محل آخر قديم، استبدال سند
الدين بغيره

NSF (nonsufficient funds)

أموال غير كافية

nuisance

أذى، إضرار، إساءة

null and void

لاغ وباطل

num lock key
(computer)

زر قفل الأعداد (كمبيوتر)

O

objective
غرض، هدف، موضوعي

objective value
قيمة موضوعية، قيمة سوقية

obligation bond
سند دين قيمته الاسمية تفوق
الممتلكات المرهونة ضماناً له

obligee
المُلتزَم له، المُتعهَد له (الدائن)

obligor
المتعهد، الملتزم (المدين)

observation test
اختبار الملاحظة

obsolescence
إهلاك، إهمال :ترك، تقادم
الشيء

occupancy level
مستوى الإشغال

occupancy,
    occupant
إشغال، وضع يد، سكن،
احتلال، شاغل (العقار أو
الوظيفة)، واضع اليد على
ملكية

occupation
مهنة، وظيفة، إشغال، عمل

occupational
    analysis
التحليل المهني

occupational disease
مرض مهني، مرض بسبب
المهنة

occupational group
مجموعة مهنية

occupational hazard
مخاطر المهنة، أخطار المهنة

odd lot
كمية عرضية

odd page (computer)
صفحة فردية (كمبيوتر)

odd-value pricing
تسعير القيمة الفردي

off peak
خارج أوقات الذروة

off the balance sheet
خارج الميزانية العمومية

off the books
خارج الدفاتر (غير مقيد في
السجلات)

off time
خارج أوقات العمل

offer
عرض، إيجاب

offer and acceptance
إيجاب وقبول

offeree
المعروض عليه

offerer
مقدم العرض، مقدم الطلب

offering date
تاريخ الإصدار (تاريخ عرض
أسهم جديدة للاكتتاب العام)

offering price
الثمن المعروض، سعر
الإصدار

office management
إدارة المكاتب

official exchange rate
سعر الصرف الرسمي

off-line (computer)
منقطع الاتصال (كمبيوتر)

off-price
خصم

off-sale date
تاريخ نفاذ ما يعرض

offset
تعويض، مقاصة، أوفست

offshore
خارجي، بعيدا عن الشاطئ

off-site cost
التكاليف المستحقة بعيداً عن موقع العمل (مثل مد الطرق والمياه إلى الموقع)

oil and gas lease
عقد إيجار لاستكشاف الغاز والنفط

oligopoly
حكم الأقلية

ombudsman
المفوض البرلماني للإدارة

omitted dividend
أرباح أسهم أغفل الإعلان عن توزيعها

on account
على الحساب، تحت الحساب

on demand
تحت الطلب، عند الطلب

on order
تحت الطلب

on speculation (on spec)
تحت المضاربة

onboard computer (computer)
كمبيوتر صغير محمول (كمبيوتر)

one-cent sale
بيع بخصم سنت (مقابل شراء المشتري لعبوة بالسعر العادي والأخرى يكون عليها الخصم)

one-hundred-percent location
قطعة أرض كاملة المساحة مائة بالمائة (تترك مساحة صغيرة بينها وبين ما يجاورها)

one-minute manager
مدير لفترة قصيرة

one-time buyer
مشتري مرة واحدة

one-time rate
سعر نشر الإعلان مرة واحدة

on-line (computer)
متصل بالشبكة (كمبيوتر)

on-line data base
قاعدة بيانات متاحة على شبكة الإنترنت

on-sale date
تاريخ العرض للبيع

on-the-job training (OJT)
تدريب أثناء الخدمة

open account
حساب مفتوح

open bid
مناقصة عامة، عرض مفتوح

open dating
تاريخ الصلاحية على عبوة مأكولات معرضة للتلف

open distribution
توزيع مفتوح

open economy
اقتصاد مُنفتح، اقتصاد حُر

open house
دخول مسموح (بقصد المعاينة)

open housing
إسكان مفتوح

open interest
العقود القائمة (عدد عقود الاختيار التي تنتظر التنفيذ)

open listing
إدراج مفتوح، تسجيل مفتوح

open mortgage
الرهن المفتوح

open order
أمر مفتوح (يبقى سارياً إلى أن يُنفذ أو يُلغى)

open outcry
التعامل جهراً (بورصة)

open shop
منشأة مفتوحة

open space
الفضاء المفتوح

open stock
سلع مخزنة جاهزة للبيع

open union
نقابة مفتوحة

open-door policy
سياسة الباب المفتوح، سياسة
الانفتاح الاقتصادي

open-end
منفتح، مفتوح

open-end lease
عقد إيجار مفتوح (غير محدد
المدة)

open-end management
company
شركة إدارة مفتوحة

open-end mortgage
رهن مفتوح

opening
افتتاح، فتح، وقت افتتاح التعامل

open-market rates
أسعار السوق المفتوحة

open-to-buy
معروض للشراء

operand
معامل

operating cycle
دورة التشغيل

operating expense
مصاريف التشغيل

operation mode
(computer)
نمط التشغيل (كمبيوتر)

operational audit
تدقيق حسابات العمليات

operational
control
مراقبة العمليات

operations research
(OR)
بحوث العمليات

operator (computer)
مشغل الحاسب (كمبيوتر)

opinion
رأي

opinion leader
قائد الرأي

opinion of title
شهادة صحة الملكية

opportunity cost
تكلفة الفرصة البديلة

optical character
recognition (OCR)
(computer)
التعرف على الرموز ضوئيًا أو
بصريًا (كمبيوتر)

optical fiber
خيط فيبر رقيق يستخدم لنقل
الإشارات البصرية

optical fiber
(computer)
خيط فيبر رقيق يستخدم لنقل
الإشارات البصرية (كمبيوتر)

optimum capacity
الطاقة (السعة) المُثلى

option
حق خيار شراء أو بيع بسعر
محدد خلال فترة محددة

option holder
الممنوح حق الاختيار، مُشتر
محتمل بمقتضى عقد اختيار

optional modes of
settlement
طرق التسوية الاختيارية

or better
أو بسعر أفضل (من السعر
المحدد)

oral contract
عقد شفوي، اتفاق شفوي

orange goods
سلع غير معمرة
order
أمر شراء أو بيع، طلب توريد
order bill of lading
سند شحن لأمر أو لإذن (صادر لأمر شخص معين أو تحت إذنه)، بوليصة شحن لأمر، بوليصة شحن لحاملها
order card
بطاقة الطلب
order entry
مدخل الطلب، قيد الطلب
order flow pattern
نمط تدفق الطلبات على التجار
order form
نموذج طلب، طلب بضاعة
order number
رقم الطلب، رقم طلب الشراء
order paper
سند لأمر، كمبيالة لأمر
order regulation
تنظيم الطلبات
order-point system
نظام يقضي بتحديد حد معيّن لكل منتجات المخزون حيث يتم إعادة طلب شراء كميات من المنتج تلقائيا لتغطية الحاجة.
ordinal scale
مقياس ترتيبي، -تنظيمي
ordinance
مرسوم، ترتيب، تنسيق قانون، قرار
ordinary and necessary business expense
مصروفات العمل الضرورية والعادية
ordinary annuity
دخل سنوي عادي، معاش سنوي عادي
ordinary course of business
مجرى سير الأعمال العادي
ordinary gain or **ordinary income**
دخل عادي، أو كسب عادي
ordinary interest
الفوائد العادية
ordinary loss
خسارة عادية
ordinary payroll exclusion endorsement
تصديق على استثناء عادي من جدول الرواتب
organization
تنظيم، منظمة، هيئة، تأسيس
organization cost
تكاليف المنظمة، -التأسيس
organization development
التطوير التنظيمي
organization planning
التخطيط التنظيمي
organization structure
هيكل المنظمة، الهيكل التنظيمي
organizational behavior
سلوك تنظيمي، سلوك المنظمة
organizational chart
رسم بياني تنظيمي، خريطة التنظيم
organized labor
عمالة منظمة، عمال نقابيون
orientation
توجيه، تهيئة مبدئية
original cost
التكلفة الأصلية
original entry
القيد الأول

original issue discount (OID)
خصم على الإصدار الأول
original maturity
أجل الاستحقاق الأصلي
original order
طلب أولي
origination fee
رسم فتح ملف المشروع (يغطي تكلفة دراسة المشروع والتحقق من المركز الائتماني لمقدمه)
originator
مستهل أو بادئ التعامل
other income
دخل من مصادر أخرى
other insurance clause
شرط تأمين آخر
other people's money
شروط تأمين أخرى
out of the money
غير مربح، بعيد عن معطيات السوق
outbid
يزايد على المنافسين
outcry market
سوق التفاعل القوي
outlet store
منفذ بيع (لبيع منتجات مصنع معين)
outline view *(computer)*
رؤية مصغرة (كمبيوتر)
outside director
عضو مجلس إدارة شركة غير موظف فيها
outsourcing
تعهيد، التعاقد مع الاخرين لتوفير خدمة أو توريد منتج مطلوب
outstanding
مستحق، قائم، غير مسدد، واجب الدفع
outstanding balance
رصيد معلق، رصيد مستحق
outstanding capital stock
أسهم في يد المساهمين
over (short)
الزيادة (العجز)
over the counter (OTC)
عمليات خارج البورصة، خارج السوق الرسمية، السوق الموازية، بورصة خارج السوق الرسمية
overage
زيادة، فائض، سلع فائضة
overall expenses method
أسلوب التكاليف الشاملة
overall rate of return
معدل العائد الشامل، نسبة العائد الشامل
over-and-short
الزيادة والعجز
overbooked
مبالغ في الحجز، محجوز بالزيادة عن المتاح
overbought
مُشْتَري بسعر عال جدا
overcharge
نفقة زائدة، علاوة، رسم إضافي
overflow
فيض زائد
overhang
تجاوز العرض للطلب
overhead
نفقات ثابتة وعمومية

overheating

تضخم، النمو السريع في الطلب مع الزيادة الناتجة في التضخم

overimprovement

تحسن مفرط (يفوق ما هو متوقع)

overissue

إصدار أكثر مما هو مصرح به

overkill

إسراف، مبالغة، إسراف في القتل

overpayment

دفع بالزيادة، دفعة بالزيادة، زيادة في الدفع

overproduction

تضخم الإنتاج، إفراط في الإنتاج

override

يلغي، يبطل، يتجاوز

overrun

تجاوز، عجز

over-the-counter retailing

بيع بالتجزئة خارج السوق الرسمية

overtime

ساعات إضافية، أجور إضافية، العمل الإضافي

overtrading

إفراط في التجارة، متاجرة مبالغ فيها

overvalued

مبالغ في القيمة

overwrite (computer)

يستبدل ملف (كمبيوتر)

owner-operator

المالك والمشغل (مدير العمل)

ownership

ملكية

ownership form

نموذج الملكية

P

p value
قيمة الاحتمالية، معدل
الاحتمالية

pacesetter
محدد التسعيرة (في نظام الأجر
بالقطعة)

package
حزمة، رزمة، عبوة، طرد،
برنامج، مجموعة تدابير

package band
شريط العبوة

package code
كود العبوة

package design
تصميم العبوة

package mortgage
رهن منقولات منزلية

packaged goods
سلع معبأة

packing list
قائمة تعبئة

padding
حشو

page break *(computer)*
فاصل صفحات (كمبيوتر)

page down *(computer)*
النزول بمقدار صفحة لأسفل
(كمبيوتر)

page format
تنسيق الصفحة

page format
(computer)
تنسيق الصفحة (كمبيوتر)

page up *(computer)*
الصعود لأعلى بمقدار صفحة
(كمبيوتر)

pagination *(computer)*
ترقيم الصفحات (كمبيوتر)

paid in advance
مدفوع مقدماً، مسدد سلفاً

paid status
سجل للعميل يوضح طريقة
تسديده لثمن الطلبية

paid-in capital
رأس المال المدفوع

paid-in surplus
الفائض المدفوع

paintbrush
(computer)
فرشة الرسم (كمبيوتر)

painting the tape
طلاء شريط البورصة (الشراء
المتتابع لأوراق مالية معينة
وبالتالي ظهورها المتكرر في
قائمة التعامل لتبدو أنها رائجة)

palmtop *(computer)*
كمبيوتر صغير محمول حجمه
يمكن من حمله في يد وتشغيله
بالأخرى (كمبيوتر)

paper
ورقة، ورق، مستند، سند

paper gold
ذهب ورقي (اسم أطلق على
حقوق السحب الخاصة)

paper jam *(computer)*
حشر الورق (كمبيوتر)

paper money
عملة ورقية، بنكنوت

paper profit (loss)
خسارة (ربح وهمي، ربح غير
متحقق)

par
القيمة الاسمية، القيمة التعادلية

par bond
سند بقيمة اسمية

par value
القيمة الاسمية، سعر التعادل

paralegal
مساعد المحامي

parallel connection (computer)
توصيل أو ارتباط موازي (كمبيوتر)

parallel processing
معالجة متوازية

parameter
معلم، معيار، مؤشر

parcel
رزمة، طرد، حزمة، قسيمة ارض

parent company
الشركة الأم

parity
تكافؤ، تعادل، مساواة، تطابق

parity check
مُراقبة التكافؤ، المراجعة المتكافئة، اختبار تطابق

parity price
سعر التعادل

parking
مجال استثمار مأمون مؤقت (لفترة يتم خلالها البحث عن استثمارات مناسبة)، مكان انتظار السيارات

parliament procedure
إجراء برلماني

partial delivery
تسليم جزئي

partial release
إفراج جزئي، إبراء جزئي

partial taking
استلام جزئي

partial-equilibrium analysis
تحليل التوازن الجزئي

participating insurance
تأمين مشاركة

participating policy
بوليصة أو عقد تأمين مع الاشتراك في الأرباح

participating preferred stock
أسهم ممتازة مشاركة في الأرباح الإضافية

participation certificate
سند مشاركة، شهادة مشاركة

participation loan
قرض مشترك، قرض بالمشاركة

participative budgeting
وضع الموازنة التشاركية

participative leadership
قيادة تشاركية، ـإدارة تشاركية

partition
تقسيم، توزيع، قسمة، فاصل

partner
شريك

partnership
شركة تضامن

part-time
عمل (بعض الوقت، عدم تفرغ)

passed dividend
ربح سهم لم يتقرر توزيعه

passenger mile
مقدار الأميال بالنسبة لكل راكب

passive activities
أنشطة سلبية، ـغير فعالة

passive income (loss)
خسارة (دخل سلبي)

passive investor
مُستثمر سلبي

passport

جواز سفر

pass-through security

سندات يدفع عائدها للمستثمرين
من خلال وسيط

password (computer)

كلمة المرور (كمبيوتر)

past service benefit

أرباح الخدمات السابقة

paste (computer)

لصق (كمبيوتر)

patent

براءة اختراع

patent infringement

انتهاك براءة الاختراع

patent monopoly

احتكار براءات الاختراع،
احتكار ظاهر

patent of invention

براءة اختراع

patent pending

براءة اختراع معلقة

patent warfare

حرب براءات الاختراع

paternalism

مذهب الأبوية

path (computer)

طريق الوصول إلى ملف،
مسار (كمبيوتر)

patronage dividend
  and rebate

خصم التعامل وأرباح الأسهم

pauper

فقير، معوز، عالة، شديد الفقر

pay

الأجر، راتب، دفع

pay as you go

دفعات بالتقسيط، دفع النفقات
عند تكبدها

pay period

فترة الأجور

payables

المبالغ المطلوب تسديدها

payback period

فترة الاسترداد، فترة استرداد
رأس المال

paycheck

شيك الراتب

payday

يوم التسوية

payee

المُستفيد

payer

الدافع

paying agent

وكيل الدفع، الوكيل المالي

payload

الحمولة التي يدفع عنها أجر

payment bond

سند الدفع، كفالة سداد السلف

payment date

تاريخ الدفع

payment in due course

الدفع عند الاستحقاق

payment method

طريقة الدفع

payola

رشوة، إغراء

payout

حصص الأرباح الموزعة،
يدفع، يُنفق، ما تدفعه شركة
التأمين من تعويض للمؤمن
عليه

payout ratio

نسبة الأرباح الموزعة

payroll

كشف الرواتب، ـالأجور

payroll deduction

استقطاع من كشف المرتبات

payroll savings
  plan

نظام مدخرات الرواتب

payroll tax
ضريبة الأجور والمرتبات

peak
قمة، ذروة، قياسي

peak period
فترة الذروة

peculation
اختلاس

pecuniary
مالي، نقدي

peg
يربط، يجمد، يُثبت (السعر)

penalty
جزاء، غرامة، عقوبة

penny stock
أسهم رخيصة

pension fund
صندوق تقاعد

peon
عامل كادح، مُسخر

people intensive
كثيف السكان، مكتظ

per capita
للفرد

per diem
يومي، بدل يومي

per-capita debt
متوسط نصيب الفرد في الدين
القومي

percent, percentage
في المائة، نسبة مئوية

percentage lease
إيجار نسبي مئوي

percentage-of-
completion method
طريقة نسبة إنجاز العمل

percentage-of-sales
method
طريقة نسبة المبيعات المئوية

percolation test
اختبار التقطير أو النفاذ

perfect (pure)
monopoly
احتكار (خالص) كامل

perfect
competition
منافسة كاملة

perfected
أستكمل، تم إتقانه

performance
أداء، تنفيذ

performance
bond
سند كفالة لضمان التنفيذ،
ضمان حُسن الأداء، خطاب
ضمان نهائي

performance
fund
صندوق استثمار أمثل

performance
stock
أسهم يتوقع نموها بسرعة

period
فترة، مدة

period expense, period
cost
مصروفات المدة، تكلفة المدة

periodic inventory
method
طريقة الجرد الدوري

peripheral device
(computer)
آلة أو أداة محيطية (كمبيوتر)

perishable
قابل للتلف

perjury
شهادة الزور، الحنث في اليمين

permanent difference
اختلاف دائم

permanent
financing
تمويل دائم، تمويل مستمر

permit
تصريح، إذن

permit bond
سند يضمن التزام شخص مرخص من قبل بلدية أو مقاطعة أو وكالة تابعة لولاية معينة بالقيام بالنشاطات التي تم إصدار السند على أساسها، طبقاً لشروط الرخصة.

permutations
تبادل، تغييرات أساسية

perpetual inventory
الجرد المستمر

perpetuity
منفعة عابرة، دفعة سنوية مدى الحياة

perquisite (perk)
مخصصات، دخول عرضية

person
شخص، فرد

personal data sheet
كشف بيانات شخصي

personal digital assistant (PDA) *(computer)*
كمبيوتر محمول شخصي يقوم بوظائف محددة (كمبيوتر)

personal financial statement
بيان مالي شخصي

personal holding company (PHC)
شركة قابضة شخصية

personal income
دخل شخصي

personal influence
نفوذ شخصي

personal injury
إصابة شخصية

personal liability
مسئولية شخصية، التزام شخصي

personal property
ممتلكات شخصية، ملكية خاصة

personal property floater
وثيقة تأمين على الممتلكات الشخصية

personal selling
بيع شخصي

personnel
الأفراد، هيئة الموظفين

personnel department
قسم شئون الأفراد

petition
التماس، عريضة

petty cash fund
صندوق النثريات

Phillips' curve
منحنى فيليبس

physical commodity
سلعة مادية

physical depreciation
استهلاك فعلي، الإهلاك الطبيعي

physical examination
اختبار أو امتحان حقيقي

physical inventory
جرد مادي

picketing
مراقبة تنفيذ الإضراب

picture format
تنسيق الصورة

picture format *(computer)*
تنسيق الصورة (كمبيوتر)

pie chart/graph *(computer)*
رسم بياني دائري (كمبيوتر)

piece rate
الأجر بالقطعة

piece work
عمل بالقطعة

pier to house
حاوية كاملة (يتم تسليمها إلى المرسل إليه دون أي نقصان أو أذى يُصيبها)

piggyback loan
قرض مشترك بضمان واحد

pilot plan
خطة رائدة، خطة تجريبية

pin money
مصروف نثري، أجر منخفض

pipeline
خط أنابيب

pitch *(computer)*
درجة تواتر الأصوات الصادرة عن جهاز الكمبيوتر (كمبيوتر)

pixel image *(computer)*
تمثيل الصورة الملونة في ذاكرة الكمبيوتر (كمبيوتر)

pixel/picture element *(computer)*
عنصر البيكسل/الصورة (كمبيوتر)

place utility
رواج السلعة في مكان معين

placement test
اختبار تحديد المستوى

plain text *(computer)*
نص عادي (كمبيوتر)

plaintiff
مدع، مقدم الشكوى

plan
خطة

plan B
خطة ب

planned economy
اقتصاد مخطط

plant
تركيبات، أدوات، تجهيزات، مصنع

plat
طية، ثنية

plat book
دفتر خرائط الأراضي

pleading
مرافعة

pledge
تعهد، ضمان، رهن

plot
قطعة أرض، يرسم، يخط

plot plan
خطة الرسم

plottage value
زيادة في قيمة الأرض نتيجة لاضافة مساحات أصغر للملكية

plotter
جهاز رسم بياني

plough back
أعاد استثمار الأرباح، إعادة توظيف الأموال

plus tick
ارتفاع

pocket computer *(computer)*
كمبيوتر جيب (كمبيوتر)

point
نقطة (مقياس التغيرات في أسعار الأوراق المالية)

point chart *(computer)*
رسم بياني يبين العلاقة بين المتغيرات (كمبيوتر)

poison pill
تعجيز (زيادة سعر إصدار أسهم مؤسسة إلى درجة تحول دون الاستيلاء غير الودي عليها)

poisson distribution
توزيع بواسون (قانون الأحداث غير المحتملة)

police power
قوة الشرطة

policy holder
صاحب بوليصة التأمين، حامل البوليصة، حامل عقد التأمين

policy loan
قرض بضمان بوليصة التأمين

pollution
تلوث

pool
مجمع نقدي، صندوق مشترك، اتفاق احتكاري

pooling of interests
تجميع المصالح المالية

portal-to-portal pay
دفع من الباب إلى الباب

portfolio
حافظة، محفظة أوراق مالية، حافظة استثمارات

portfolio beta score
النتيجة التجريبية لحافظة الاستثمار

portfolio history
تاريخ حافظة الاستثمار

portfolio income
عائد حافظة الاستثمار

portfolio insurance
تأمين على محفظة الاستثمار أو ضمانها

portfolio manager
مدير حافظة الاستثمارات

portrait (format) (computer)
صورة (تنسيق)(كمبيوتر)

position
وظيفة، مركز (مالي)، منصب، صافي رصيد البنك من عملة ما

positioning
تحديد، تثبيت، التزام التاجر

positive confirmation
تعزيز أو تأكيد إيجابي

positive leverage
رافعة إيجابية

positive yield curve
منحنى عائد إيجابي

possession
امتلاك، تملك، ممتلكات، اقتناء، حيازة، وضع يد

post closing trial balance
ميزان مراجعة بعد الاقفال

posting
قيد، ترحيل، تعليق ملصقات

posting (computer)
رسالة مرسلة عبر الإنترنت، إرسال (كمبيوتر)

poverty
فقر

power connection (computer)
توصيل التيار (كمبيوتر)

power connection
توصيل التيار

power down (computer)
إغلاق الكمبيوتر (كمبيوتر)

power of attorney
توكيل، وكالة، توكيل رسمي

power of sale
قوة البيع

power surge
شدة التيار

power up (computer)
تشغيل الكمبيوتر (كمبيوتر)

practical capacity
الطاقة المتاحة، الطاقة العملية المتاحة

pre-bill
كمبيالة مبدئية

precautionary motive
دوافع الحيطة

preclosing
ما قبل الإغلاق
precompute
يحسب مسبقاً
prediction
تنبؤ، تكهن
preemptive rights
أوليات الشراء
preexisting use
استخدام متواجد مسبقاً
prefabricated
جاهز، مصنوع مقدماً
preferential rehiring
إعادة تأجير تفضيلي
preferred dividend
أرباح أسهم ممتازة
preferred dividend coverage
تغطية أرباح الأسهم الممتازة
preferred stock
أسهم ممتازة
preliminary prospectus
نشرة إصدار أولية
premises
مقر، أماكن، مباني ومرافق المصنع
premium
علاوة، قسط تأمين، دفعة إضافية
premium bond
سند أنصبة، سند متمتع بالسحب، سند بعلاوة (يسدد عند حلول أجله بمبلغ يفوق قيمته الاسمية)، سند سعره أعلى من قيمته الاسمية
premium income
حصيلة بيع عقد خيار
premium pay
علاوة
premium rate
معدل قسط التامين، سعر ممتاز
prenuptial agreement
عقد ما قبل الزواج
prepaid
مدفوع مقدمًا
prepaid expense
نفقات مدفوعة مقدمًا
prepaid interest
فوائد مدفوعة مقدمًا
prepayment
دفعة مقدماً، السداد المبكر (للقرض)
prepayment clause
شرط الدفع قبل موعد الاستحقاق، شرط تعجيل الدفع
prepayment penalty
غرامة السداد المبكر
prepayment privilege
امتياز السداد المبكر
prerelease
إفراج مُسبق
prerogative
حق، امتياز، مكاسب
presale
قبل البيع
prescription
تقادم، حق التقادم، حق مكتسب
present fairly
يعرض بشكل نزيه (فيما يتعلق بشفافية ومصداقية التقارير المحاسبية الخاصة بالشركات)
present value
القيمة الحالية
present value of 1
القيمة الحالية لـ 1
present value of annuity
القيمة الحالية للدخل السنوي

presentation
تقديم، عرض

president
رئيس، مدير عام

presold issue
إصدار بيع قبل الإعلان عنه

press kit
ملف من البيانات الصحفية تسلم للصحقيين لتوزيعها

prestige advertising
إعلان مظهري يهدف لدعم مكانة شركة أو منتجاتها

prestige pricing
تسعير اعتباري

pretax earnings
الأرباح قبل خصم الضريبة

pretax rate of return
معدل العائد قبل خصم الضريبة

preventive maintenance
صيانة وقائية

price elasticity
مرونة السعر

price index
مؤشر الأسعار

price lining
خط السعر

price stabilization
تحقيق استقرار الأسعار

price support
دعم الأسعار

price system
نظام الأسعار

price war
حرب الأسعار

price-fixing
تثبيت الأسعار

pricey
سعر غير واقعي، ثمن باهظ

pricing below market
تسعير أدنى من سعر السوق

primary boycott
مقاطعة مباشرة

primary demand
الطلب الأولي

primary distribution
التوزيع الأولي

primary earnings per (common) share
الربحية الأساسية للسهم

primary lease
عقد إيجار أولي

primary market
السوق الأولية، السوق الرئيسية، سوق الإصدارات الجديدة

primary market area
منطقة السوق الأولية

primary package
حزمة برامج أولية

prime paper
ورقة تجارية ممتازة

prime rate
سعر الفائدة على القروض الممتازة، سعد الفائدة الأساسي

prime tenant
مستأجر رئيسي

principal
المُوكل، أصل القرض، معطي الأمر، طرف رئيسي (في معاملة)

principal amount
مبلغ أصل القرض، المبلغ الرئيسي

principal and interest payment (P&I)
دفع رأس المال وفوائده

principal residence
مقر الإقامة الرئيسي

principal stock holder
مساهم رئيسي

principal sum
المبلغ الحقيقي المستثمر

principal, interest,
taxes and insurance
payment (PITI)
دفع التأمين والضرائب والفائدة

printer *(computer)*
آلة طابعة (كمبيوتر)

printout *(computer)*
نماذج مطبوعة (كمبيوتر)

prior period
adjustment
تسويات مدة سابقة

prior service cost
تكلفة الخدمات السابقة

prior-preferred stock
أسهم ممتازة متقدمة

privacy laws
قوانين الخصوصية

private cost
نفقة خاصة، تكلفة خاصة

private limited
ownership
ملكية خاصة محدودة

private mortgage
insurance
تأمين عقاري خاص

private offering or
private placement
دعوة خاصة للاكتتاب، أو طرح
خاص، إصدار خاص

privatization
الخصخصة

privity
إطلاع مشترك

prize broker
متعهد جوائز (شخص أو شركة
تتعهد بإجراء الترتيبات الخاصة
بتقديم جوائز على شكل منتجات
أو خدمات)

probate
تصديق، إثبات صحة وصية

probationary
employee
عامل تحت الاختبار

proceeds
حصيلة، إيراد، عوائد

proceeds from resale
حصيلة إعادة البيع

processor upgrade
تحديث المعالج

processor upgrade
(computer)
تحديث المعالج (كمبيوتر)

procurement
توريد، شراء

procuring cause
الإجراء الناجع (العمل الذي
يحقق النتيجة المرجوة)

produce
أنتج، أعطى، قدم، غلة

producer cooperative
تعاونية المنتجين

producer goods
سلع الإنتاج

product
ناتج، منتج، غلة، حاصل
ضرب

product liability
المسئولية القانونية على
المصنعين بالنسبة للمنتجات

product liability
insurance
تأمين ضد تبعات المنتج

product life cycle
دورة حياة المنتج

product line
خط الإنتاج، الخط السلعي

product mix
تشكيلة المنتجات

production
إنتاج

production control
مراقبة الإنتاج

production rate
معدل الإنتاج

production worker
عامل إنتاج

production-oriented organization
منظمة تستهدف الإنتاج

production-possibility curve
منحنى إمكانية الإنتاج

productivity
الإنتاجية

profession
مهنة، حرفة

profit
ربح، مكسب، نفع

profit and commissions form
نموذج العمولات والأرباح

profit and loss statement (p&l)
بيان الأرباح والخسائر

profit center
مركز الربح

profit margin
هامش الربح

profit motive
دافع الربح

profit squeeze
ضغط الأرباح

profit system
نظام الأرباح

profit taking
جني الأرباح

profitability
ربحية، مردودية

profiteer
انتهازي، تاجر جشع

profit-sharing plan
خطة الاشتراك في الأرباح

program budgeting
وضع موازنة البرامج

program trade
تجارة عن طريق استخدام برامج الكمبيوتر

programmer
مبرمج، مصمم برامج

programming language (computer)
لغة البرمجة (كمبيوتر)

progress payments
دفعات مواكبة لتقدم العمل، دفعات مرحلية

progressive tax
ضريبة تصاعدية

projected (pro forma) financial statement
بيان مالي متوقع

projected benefit obligation
التزام الأرباح المقدرة

projection
تصور، وضع خطط، إسقاط، تقدير مستقبلي

promissory note
سند إذني

promotion mix
مزيج ترويجي

promotional allowance
علاوة ترقية

proof of loss
إثبات الخسارة

property
ملكية، ممتلكات، مال

property line
خط الممتلكات

property management
إدارة الممتلكات

property report
تقرير الملكية

property rights
حقوق الملكية

property tax
ضريبة عقارية، ضريبة ممتلكات

proprietary interest
حصة في الملكية

proprietary lease
عقد إيجار خاص

proprietorship
ملكية، حق الملكية، حق التملك

prorate
قسم بنسبة الحصة، وزع بالتناسب

prospect
محتمل، مرتقب، احتمال، عميل محتمل، منجم جديد

prospective rating
تقدير متوقع

prospectus
نشرة اكتتاب، نشرة أولية

protected file (computer)
ملف محمي (كمبيوتر)

protectionism
مذهب الحماية الاقتصادية، نظرية الحماية الاقتصادية

protocol
بروتوكول

proviso
شرط، فقرة شرطية

proxy
توكيل، تفويض، وكيل مفوض

proxy right
حق التوكيل

proxy statement
إخطار المساهمين عن التصويت (قبل تصويتهم بالوكالة على خطط الشركة)

prudence
حرص، حذر، تدبر

psychic income
دخل معنوي

public accounting
محاسبة قانونية

public domain
ملك عام، أملاك الدولة العامة

public employee
موظف عام

public file (computer)
ملف عام (كمبيوتر)

public record
سجل عام

public relations (PR)
العلاقات العامة

public sale
بيع علني

public use
انتفاع عام

public works
الأشغال العامة

publicly held
مملوك ملكية عامة

puffing
مبالغة في وصف حسنات السلعة

pull-down menu (computer)
القائمة المنسدلة (كمبيوتر)

pump priming
تنشيط، تمويل بالعجز، إنفاق حكومي يستهدف تنشيط الاقتصاد

punch list
قائمة تثقيب

punitive damages
أضرار (أو تعويضات) مادية

purchase
شراء، اقتناء، يشتري
purchase journal
دفتر يومية المشتريات
purchase money
mortgage
رهن قيمة الملك
purchase order
أمر الشراء
purchasing
power
القوة الشرائية
pure capitalism
رأسمالية محضة
pure competition
المنافسة الحرة

pure-market economy
اقتصاد السوق الحرة
purge (computer)
يحذف بيانات (كمبيوتر)
push money (PM)
علاوة، مكافأة
put option
خيار البيع، حق البيع الاجل
put to seller
خيار البيع، حق البيع الآجل،
شراء حق بيع الأسهم بسعر
محدد
pyramiding
توسع هرمي، تنظيم هرمي،
مواصلة الشراء في البورصة
عند ارتفاع الأسعار

Q

qualified endorsement
تظهير مقيد، مشروط

qualified opinion
تقرير به تحفظات

qualified plan or qualified trust
خطة مقيدة أو صندوق استثمار مقيد

qualified terminable interest property (Q-TIP) trust
استراتيجية تقضي بوجوب دفع العائد من جميع الأصول المودعة في حساب ثقة على الأقل سنوياً طوال ما تبقى من حياة الأرمل أو الأرملة بعد وفاة أحد الزوجين

qualitative analysis
تحليل وصفي

qualitative research
البحوث النوعية

quality
صفة، جودة، نوعية

quality control
مراقبة الجودة، ضبط الجودة

quality engineering
هندسة الجودة

quantitative analysis
تحليل كمي

quantitative research
البحوث الكمية

quantity discount
خصم الكمية، خصم نظير شراء كمية كبيرة

quarterly
ربع سنوي

quasi contract
شبه عقد

queue (computer)
مجموعة هام، صف انتظار (كمبيوتر)

quick asset
أصول سائلة

quick ratio
نسبة السيولة السريعة

quiet enjoyment
حيازة تامة

quiet title suit
دعوى ملكية ضعيفة

quitclaim deed
سند تنازل

quo warranto
مستند قانوني

quorum
نصاب قانوني، نصاب قانوني من الأصوات

quota
حصة، نصيب

quota sample
عينة حصصية

quotation
عرض أسعار، تسعير، قائمة أسعار

qwerty keyboard (computer)
شكل لوحة مفاتيح معروفة بستة حروف أقصى اليسار في الصف العلوي من الحروف الهجائية (كمبيوتر)

qwertz keyboard (computer)
لوحة مفاتيح كوارتز (كمبيوتر)

R

racket

كسب غير مشروع

rag content

نسبة خيوط القطن في الورق الجيد

raider

مُغير (من يحاول متعمداً الاستيلاء على شركة)

rain insurance

تأمين ضد الأمطار

raised check

شيك مُزور، شيك زيدت قيمته بالتزوير

rally

نهضة، استئناف عمل، نشاط بعد ركود

random access memory (RAM) (computer)

ذاكرة وصول عشوائي (كمبيوتر)

random sample

عينة عشوائية

random walk

التحرك العشوائي للأسعار

random-digit dialing

طلب الأرقام عشوائياً

random-number generator

مولد أعداد عشوائية

range (computer)

النطاق (كمبيوتر)

rank and file

السلك الكتابي، جمهور أفراد المشروع

ratable

نسبي، مفروض

rate

معدل، سعر، تعريفة

rate base

قاعدة الضريبة، أساس الفائدة، الوعاء الضريبي

rate card

بطاقة الأجور

rate setting

تحديد الأجور والفوائد

rated policy

بوليصة مقننة

rates and classifications

التقديرات والتصنيفات

ratification

اعتماد، تصديق، موافقة

rating

تقدير، تقييم، تسعير، تصنيف

ratio analysis

تحليل النسب

ratio scale

جدول اللوغاريتمات

rationing

ترشيد، تقييد، تقنين

raw data

بيانات أولية، بيانات خام، بيانات غير مجهزة

raw land

أرض قاحلة

raw material

مواد خام، مواد أولية

reading the tape

تقدير أداء الأسهم (من خلال متابعة التغيرات في أسعارها)

readjustment

إعادة تصحيح، تصويب

read-only

للقراءة فقط

read-only (computer)
للقراءة فقط (كمبيوتر)

real
حقيقي، عيني، عقاري

real account
حساب حقيقي

real earnings
الأرباح الحقيقية

real estate
عقار، ملك ثابت

real estate investment
trust (REIT)
صندوق استثمار عقاري

real estate market
سوق العقارات

real estate owned
(REO)
عقار مملوك

real income
الدخل الحقيقي

real interest rate
معدل الفائدة الحقيقي

real property
أملاك عقارية

real rate of return
معدل العائد الحقيقي

real value of
money
القيمة الحقيقية للنقود، القوة
الشرائية الفعلية للنقود

real wages
الأجور الحقيقية، القيمة الشرائية
للأجور

realized gain
المكسب المتحقق

realtor
سمسار عقارات

reappraisal lease
إعادة تقييم الإيجار

reasonable person
شخص معتدل

reassessment
إعادة تقييم، إعادة تقدير، أو
تثمين

rebate
حسم، إسقاط، خصم، تنزيل،
خفض

reboot (computer)
إعادة فتح الحاسوب (كمبيوتر)

recall (computer)
يسترد، يسحب (كمبيوتر)

recall campaign
حملة سحب (منتجات من
السوق)

recall study
دراسة الاستجابة

recapitalization
إعادة الرسملة، إعادة الهيكلة
الرأسمالية

recapture
استرداد، استيلاء، استرجاع

recapture rate
معدل الاسترداد

recasting a debt
إعادة جدولة أو تحديد شروط
الوفاء بالدين

receipt, receipt book
إيصال، دفتر الإيصالات

receivables turnover
معدل دوران حسابات القبض،
سرعة تسوية حسابات القبض

receiver
حارس قضائي، ممثل الدائنين،
مصف، وكيل التفليسة، المرسل
إليه

receiver's certificate
شهادة الحارس القضائي، شهادة
المستلم بالأمانة

receivership
الحراسة القضائية

receiving clerk
كاتب وارد، موظف وارد

receiving record

سجل الوارد

recession

ركود، كساد، أو فتور النشاط الاقتصادي

reciprocal buying

شراء متبادل

reciprocity

المعاملة بالمثل

reckoning

حساب، تقدير

recognition

إقرار، اعتراف بالدين

recognized gain

ربح خاضع للضريبة

recompense

مكافأة، جزاء، تعويض

reconciliation

مصالحة، تسوية، توفيق

reconditioning property

ممتلكات مجددة، ـمرممة

reconsign

يغير الجهة التي تشحن البضاعة إليها

reconveyance

إعادة ملكية بعد شطب الرهن، إعادة مِلك إلى مالك سابق، رد حق

record

رقم قياسي، تسجيل، سجل، دفتر

recorder point

مؤشر أو نقطة آلة التسجيل

recording

تسجيل

records management

إدارة المحفوظات

recoup, recoupment

يسترد، يستعيد، استرداد، تعويض

recourse

الرجوع، حق الرجوع

recourse loan

قرض مع حق الرجوع على الضامن

recover (computer)

يسترد، يسترجع (كمبيوتر)

recovery

انتعاش، تحسُن

recovery fund

صندوق تحصيل الأموال

recovery of basis

استرداد الأساس

recruitment

استقطاب، توظيف، اختيار، تعيين

recruitment bonus

مكافأة استقطاب أو توظيف

recycle bin (computer)

سلة المحذوفات (كمبيوتر)

recycling

إعادة تدوير

red tape

تعقيدات روتينية

redeem

يسترد قيمة، يفك (رهنا)، يستهلك سندا

redemption

استرداد القيمة، استهلاك، شطب رهن

redemption period

فترة الاسترداد

redevelop

يعيد تطوير أو تعمير

rediscount

إعادة الخصم

rediscount rate

معدل إعادة الخصم

redlining

امتناع البنوك عن إقراض طبقة معينة من العملاء

reduced rate

سعر منخفض

reduction certificate

شهادة تخفيض

referee

حكم، محكم، محقق، ضمان

referral

إحالة، ترشيح

refinance

يعيد تمويل

reformation

حركة إصلاح

refresh (computer)

إعادة تنشيط (كمبيوتر)

refund

استرداد، تحصيل، خصم

refunding

رد، دفع، استرداد، إحلال دين
جديد بفائدة منخفضة محل دين
قديم بفائدة مرتفعة

registered bond

سند مسجل

registered check

شيك مسجل

registered company

شركة مسجلة

registered investment
company

شركة استثمار مسجلة

registered
representative

ممثل، أو مندوب مسجل

registered security

أوراق مالية اسمية، سندات
مسجلة

registrar

مسجل، موثق

registration

تسجيل، قيد، توثيق

registration statement

صحيفة تسجيل

registry of deeds

تسجيل العقود

regression analysis

تحليل الانحدار، تحليل التراجع

regression line

خط الانحدار

regressive tax

ضريبة بأثر رجعي

regular-way delivery
(and settlement)

تسليم (وتسوية) منتظم

regulated
commodities

سلع مُقننة

regulated industry

صناعة منظمة، موجهة

regulated investment
company

شركة استثمار موجهة، -
منظمة

regulation

تنظيم، لائحة

regulatory agency

هيئة تنظيمية

rehabilitation

إعادة تأهيل، تصحيح وضع،
إصلاح

reindustrialization

إعادة تصنيع

reinstatement

إعادة الشيء إلى حالته،
إصلاح، الإعادة للخدمة

reinsurance

إعادة التأمين

reinvestment
privilege

امتياز إعادة الاستثمار

reinvestment rate

معدل إعادة الاستثمار، نسبة
الأرباح المستبقاة المعاد
استثمارها إلى رأس المال

related party transaction
التعامل القائم على التفاعل المتبادل بين الطرفين

release
إفراج، إبراء ذمة، إخلاء طرف، إطلاق

release clause
شرط الفك الجزئي للرهن

relevance
الملاءمة

reliability
ثقة، درجة الاعتماد، ضمان

relocate
ينقل أو يرحل إلى مكان جديد

remainder
الباقي، الرصيد

remainderman
صاحب الحصة المتبقية

remedy
علاج، تعويض، وسيلة

remit
يحول أو يرسل

remit rate
معدل التحويل

remonetization
إعادة استخدام المعدن كعملة، إعادة الصفة النقدية

remote access (computer)
الوصول من بُعد (كمبيوتر)

remuneration
مكافأ، أتعاب، تعويض

renegociate
يعيد التفاوض

renegotiated rate mortgage (RRM)
قرض ذو سعر فائدة قابل لإعادة التفاوض

renewable natural resource
موارد طبيعية متجددة

renewal option
خيار التجديد أو مد الأجل

rent
ريع، إيجار، قيمة الإيجار

rent control
رقابة على الإيجارات، مراقبة الإيجارات

rentable area
منطقة قابلة للتأجير

rental rate
ضريبة الانتفاع من مرفق عام

rent-free period
فترة الإعفاء من الإيجار

reopener clause
شرط إعادة فتح التفاوض على العقد أو أجزاء منه من قبل أحد الطرفين أو كلاهما

reorganization
إعادة التنظيم

repairs
إصلاحات، ترميمات

repatriation
إعادة إلى الوطن، استرداد

replace (computer)
يستبدل (كمبيوتر)

replacement cost
تكلفة الإحلال والتجديد

replacement cost accounting
محاسبة تكلفة الإحلال والتجديد

replacement reserve
احتياطي الإحلال، احتياطي استبدال

replevin
دعوى استرداد أملاك

reporting currency
العملة التي تعد بها البيانات المالية

repressive tax
ضريبة كبحية

reproduction cost
تكلفة إعادة الإنتاج، تكلفة تجدد الإنتاج

repudiation
رفض الاعتراف بالتزام، فسخ، رفض

repurchase agreement (REPO; RP)
اتفاقية إعادة شراء

reputation
شهرة، سمعة، صيت

request for proposal (RFP)
طلب تقديم مشروعات مقترحة أو عروض

required rate of return
معدل العائد المطلوب

requisition
طلب تمويل، طلب توريد

resale proceeds
حصيلة إعادة البيع

rescission
إلغاء، إبطال

research
الأبحاث، البحوث

research and development (R&D)
البحوث والتطوير

research department
إدارة البحوث

research intensive
يتطلب بحوثاً كثيفة

reserve
الاحتياطي، غطاء، يحجز، تحفظ

reserve fund
صندوق احتياطي، مالي احتياطي

reserve requirement
الاحتياطي القانوني، احتياطي المطلوبات

reserve-stock control
مراقبة المخزون الاحتياطي

reset *(computer)*
يعيد إلى الحالة الأولى (كمبيوتر)

resident buyer
مشترٍ مقيم

resident buying office
مكتب شراء مقيم

residential
سكني

residential broker
سمسار إسكان

residential district
منطقة سكنية

residential energy credit
ائتمان طاقة سكنية

residential service contract
عقد صيانة مباني

residual value
القيمة المتبقية

resolution
قرار، تفويض بإصدار سندات

resource
موارد، مصدر، وسيلة

respondent
مدعي عليه، مستأنف ضده، المستجيب

response
استجابة، رد

response projection
توقع الاستجابة، تقدير الاستجابة

restart *(computer)*
إعادة تشغيل (كمبيوتر)

restitution
رد مبلغ إلى مستحقه بحكم القانون، استرداد

restraint of trade
تقييد التجارة، قيود التجارة

restraint on alienation
تقييد نقل الملكية

restricted surplus
فائض مُقيد

restriction
تقييد، قيد

restrictive covenant
اتفاقية مقيدة، عقد مقيد، ميثاق مقيد

retail
بيع بالتجزئة

retail credit
ائتمان بالبطاقات، قروض استهلاكية (يقدمها التجار للمستهلكين)

retail display allowance
خصم عرض البيع بالتجزئة

retail inventory method
طريقة جرد البيع بالتجزئة

retail outlet
منفذ بيع بالتجزئة

retail rate
سعر البيع بالتجزئة

retailer's service program
برنامج خدمات البائع بالتجزئة

retained earnings
أرباح محتجزة، أرباح مستبقاة

retained earnings statement
بيان الأرباح المحتجزة، بيان الأرباح المستبقاة

retained earnings, appropriated
الأرباح المحتجزة المخصصة، الأرباح المستبقاة المخصصة

retaining
احتجاز، توكيل محام (بدفع مقدم أتعاب)

retaliatory eviction
طرد ثأري، إخلاء ثأري، نزع ملكية ثأري

retire
تقاعد، اعتزل الخدمة، يسحب من السوق أو التداول، يسدد ديناً قبل حلول أجل استحقاقه

retirement
تقاعد، اعتزال، سداد الدين، سحب

retirement age
سن التقاعد

retirement fund
صندوق التقاعد

retirement income
دخل تقاعدي، إيراد تقاعدي

retirement plan
نظام التقاعد

retroactive
ذو أثر رجعي، ارتجاعي

retroactive adjustment
تسوية بأثر رجعي

return
عائد، بضاعة مردودة، عودة، رجوع، بيان مالي، كشف ضريبي

return of capital
استرداد رأس المال

return on equity
عائد حقوق الملكية

return on invested capital
عائد رأس المال المستثمر

return on pension plan assets
عائد أصول نظام المعاشات

return on sales
عائد المبيعات

returns

إيرادات، عوائد، شيكات وكمبيالات مرتدة

revaluation

رفع القيمة، إعادة تقييم، تقييم جديد

revenue

إيراد

revenue anticipation note (RAN)

سند دين صادر عن بلدية يسدد من الضرائب البلدية المتوقع تحصيلها

revenue bond

سند إيراد

revenue ruling

قرار صادر عن إدارة الإيرادات الداخلية

reversal

عكس، تغيير الاتجاه، إبطال، إسقاط

reverse annuity mortgage (RAM)

قرض بضمان عقارات المقترض

reverse leverage

رافعة عكسية

reverse split

إعادة تجميع وتوزيع أسهم رأس المال

reversing entry

قيد عكسي

reversion

رجوع الملكية، أيلولة

reversionary factor

قابل للرد، قابل للاسترداد

reversionary interest

منفعة عقارية قابلة للانتقال، أيلولة الملكية بطريق الإرث

reversionary value

قيمة قابلة للانتقال

review

إعادة نظر، مراجعة، فحص، مجلة

revocable trust

صندوق استثمار قابل للإلغاء

revocation

إلغاء، سحب

revolving charge account

حساب متجدد للمبيعات الآجلة، حساب جار متجدد لعميل لدى أحد المتاجر

revolving credit

ائتمان متجدد

revolving fund

أموال دورية، رأس مال متجدد

rezoning

إعادة التقسيم إلى مناطق

rich

غني، ثري، مرتفع جداً (سعر فائدة)

rich text format (RTF) *(computer)*

تنسيق النصوص الخصب (تنسيق يستخدم لتحويل نصوص المستندات المنسقة بين التطبيقات، حتى منصات التشغيل المختلفة) (كمبيوتر)

rider

إضافة، ملحق

right of first refusal

حق الأفضلية، حق الرفض الأول

right of redemption

حق استعادة البيع

right of rescission

حق الإلغاء أو الفسخ

right of return

حق الرجوع

right of survivorship
حق الخلافة، حق البقاء على قيد
الحياة

right-of-way
حق المرور

risk
مخاطرة، خطر، مجازفة

risk arbitrage
مراجحة المخاطر

risk averse
اجتناب المخاطر

risk management
إدارة المخاطر

risk-adjusted discount rate
معدل خصم يعدل في ضوء
المخاطر

rolling stock
وسائل النقل المتحركة، مهمات
دائرة

rollover
متجدد

rollover loan
قرض مُتجدد

ROM (read-only memory) *(computer)*
ذاكرة القراءة فقط (كمبيوتر)

rotating shift
وردية بالتناوب

round lot
مجموعة أسهم قابلة للتداول
بالبورصة

roundhouse
المبنى الدائري (لإيواء العربات
وإصلاحها)

royalty
إتاوة، حق امتياز

royalty trust
حصة ملكية في أصول معينة
مثل إنتاج الغاز والنفط الخام

run
تهافت (على السحب من
البنوك)، مجموعة، دورة، سير

run of paper (ROP)
إعلان يوضع في أي مكان
حسب اختيار المحرر، اتجاه
الأوراق المالية

run with the land
القيود المفروضة على ملكية
العقارات

rundown
خلاصة، ملخص

rural
ريفي

rurban
ريفي حضري

S

sabotage

تخريب

safe harbor rule

قاعدة الملجأ المأمون

safekeeping

حفظ الأمانات

safety commission

لجنة الأمن الصناعي

safety margin

هامش الأمان

salariat

الطبقة العاملة

salary

الراتب، الأجر

salary reduction plan

خطة خفض الأجور

sale

بيع، تنزيلات، تخفيضات،
أوكازيون

sale and leaseback

بيع ثم استئجار المبيع

sale or exchange

البيع أو الاستبدال

sales analyst

خبير تحليل المبيعات

sales budget

موازنة ترويج المبيعات

sales charge

رسم مبيعات

sales contract

عقد بيع

sales effectiveness test

اختبار فعالية حملة ترويج
المبيعات

sales incentive

حافز البيع

sales journal

دفتر يومية المبيعات

sales letter

خطاب عرض بيع

sales portfolio

محفظة مبيعات

sales promotion

ترويج المبيعات

sales returns and
allowances

المبيعات المرتجعة والخصم
عليها

sales revenue

إيرادات المبيعات

sales tax

ضريبة المبيعات

sales type lease

تأجير مبيعات الشركة

salesperson

بائع، مندوب مبيعات

salvage value

قيمة الخردة، القيمة المتبقية،
قيمة النفاية

sample buyer

مشتر بالعينة

sampling

اختيار العينات، المعاينة

sandwich lease

عقد إيجار من الباطن

satellite
communication

اتصالات الأقمار الصناعية

satisfaction of a debt

الوفاء بالدين، سداد الدين،
قضاء الدين

satisfaction piece

إيصال (وثيقة تثبت قضاء
الدين)

savings bond
سند ادخار، سند توفير
savings element
عنصر ادخار، عنصر توفير
savings rate
معدل المدخرات
scab
عامل لا يتقيد بتعليمات نقابته
scalage
النسبة المئوية للسعر الكلي للبضائع التي يتم شحنها أو تخزينها
scale ***(computer)***
مقياس، مقياس الرسم، سلم (كمبيوتر)
scale order
طلب تنفيذ مرحلي لعمليات الشراء أو البيع، طلب شراء أو بيع متدرج
scale relationship
علاقة متدرجة
scalper
مستغل السوق، مضارب صغير في البورصة
scanner ***(computer)***
الماسح الضوئي (كمبيوتر)
scarcity, scarcity value
قيمة الندرة
scatter diagram
رسم التشتت، رسم بياني للانتشار أو التشتت
scatter plan
خطة الانتشار أو التشتت
scenic easement
حق ارتفاق لغرض المحافظة على منظر العقار
schedule
جدول زمني، قائمة، وضع، برنامج زمني
scheduled production
إنتاج مخطط حسب جدول زمني
scheduling
جدولة، وضع الجداول، التخطيط الزمني
scienter
عن معرفة ودراية
scope of employment
نطاق العمل
scorched-earth defence
الدفاع المُنفر (سياسة تنتهجها شركة لإبعاد الطامعين في الاستيلاء عليها)
screen filter ***(computer)***
مصفاة أو منقي الشاشة (كمبيوتر)
screen saver ***(computer)***
شاشة التوقف (كمبيوتر)
scrip
شهادة مؤقتة، سند
scroll down ***(computer)***
تحريك حلزوني للنص على شاشة العرض لأسفل (كمبيوتر)
scroll up ***(computer)***
تحريك حلزوني للنص على شاشة العرض لأعلى (كمبيوتر)
seal
خاتم، ختم، بصمة، خاتم، يختم بالشمع الأحمر
seal of approval
استحسان، تصديق على
sealed bid
عطاء مغلق
search engine ***(computer)***
محرك البحث (كمبيوتر)
seasonal adjustment
التصحيح الموسمي
seasonality
الموسمية

seasoned issue

إصدار جذاب

seasoned loan

قرض جذاب

seat

مقعد عضوية (بورصة)، مقر

second lien or second mortgage

رهن ثان، أو رهن عقاري ثان

second mortgage lending

إقراض بضمان رهن عقاري ثان

secondary boycott

مقاطعة ثانوية

secondary distribution

توزيع ثانوي، توزيع إصدارات غير جديدة

secondary market

سوق ثانوية

secondary mortgage market

سوق رهن عقاري ثانوية

second-preferred stock

أسهم ممتازة ثانية (تلي أسهم ممتازة أخرى من حيث الأولوية)

sector

قطاع

secured bond

سند دين مضمون

secured debt

دين مضمون

secured transaction

صفقة أو عملية تجارية مضمونة

securities

أوراق مالية

securities analyst

خبير تحليل أوراق مالية

securities and commodities exchanges

أسواق الأوراق المالية والسلع

Securities and Exchange Commission (SEC)

لجنة الأوراق والأسواق المالية

securities loan

قرض بضمان أوراق مالية

security

ضمان، أمن، ورقة مالية، سند مديونية

security deposit

إيداع الضمان

security interest

فائدة الأوراق المالية

security rating

تصنيف الأوراق المالية

seed money

بذرة رأس المال

segment margin

هامش أو حد القطاع

segment reporting

إعداد التقارير عن القطاع

segmentation strategy

استراتيجية التفتيت، أو التجزئة

segregation of duties

فصل المهام

seisin

حيازة كاملة، ملكية تامة أو مطلقة

select (computer)

تحديد (كمبيوتر)

selective credit control

رقابة انتقائية على الائتمان

selective distribution

توزيع انتقائي

self employed

ذو مهنة حرة، (شخص) يعمل لحساب نفسه

self insurance

تأمين ذاتي

self-amortizing
  mortgage

قرض عقاري يسدد ذاتياً (أي من إيراد العقار الممول)

self-directed
  IRA

موجه ذاتياً

self-help

مجهود ذاتي، جهد ذاتي، اعتماد على النفس

self-tender offer

عرض من شركة لشراء أسهمها

seller's market

سوق مواتية للبائعين

sell-in

المؤثر على قبول أمر ما

selling agent or selling
  broker

وكيل البيع، أو سمسار البيع

selling climax

ذروة البيع

selling short

البيع على المكشوف، بيع أوراق مالية أو سلع أو عملة أجنبية لا يملكها البائع

sell-off

تصفية

semiannual

نصف سنوي

semiconductor

شبه موصل

semimonthly

نصف شهري، مرتين في الشهر

semivariable costs

التكاليف شبه المتغيرة

senior debt

دين ممتاز (مضمون سداده)

senior refunding

إصدار سندات دين ممتازة أطول أجلاً محل أخرى أقصر أجلاً

senior security

أوراق مالية ممتازة

sensitive market

سوق حساسة

sensitivity training

تدريب الحساسية، التدريب على الحساسية

sentiment indicators

مؤشرات اتجاهات المستثمرين أو ميولهم

separate property

ممتلكات فردية (غير مشاعة)

serial bond

سندات مسلسلة (ذات آجال استحقاق متتالية)

serial port
  (computer)

منفذ أو مدخل تتابعي لقناة سير البيانات (كمبيوتر)

series bond

سندات متتابعة، إصدار سندات معروضة للبيع في تواريخ متتالية

server (computer)

الملقم، وحدة خدمة (كمبيوتر)

service

خدمة

service bureau

مكتب الخدمات

service club

نادي الخدمات

service department

إدارة الخدمات

service economy

اقتصاد خدمي

service fee

رسم خدمة

service worker
عامل خدمات

servicing
صيانة وإصلاح، تقديم خدمة للعملاء

setback
نكسة، تراجع

setoff
تسوية، تقاص

settle
يسوي (نزاعاً)، يسدد (قرضاً)

settlement
تسوية، تسديد

settlement date
تاريخ محدد لتغطية التعاملات

settlor
متصرف، واهب، منشئ، مؤسس

severalty
الملكية الفردية

severance damages
تعويض الفصل، -إنهاء الخدمة

severance pay
مكافأة نهاية الخدمة

sexual harassment
تحرش جنسي

shakedown
ابتزاز

shakeout
غربلة، إعادة تنظيم شركة، هروب المضاربين، هزيمة المضاربين في البورصة

shakeup
هزة، تعديل جذري، إعادة تنظيم

share
سهم، حصة، نصيب

sharecropper
مزارع بالمشاركة

shared drive *(computer)*
مشغل مشترك، محرك مشترك (كمبيوتر)

shared-appreciation mortgage (SAM)
تقاسم الدائن والمدين للزيادة في قيمة العقار المرهون

shared-equity mortgage
قرض عقاري يعطي للمُقرض حصة من الملكية موضوع القرض، ويمنحه الحق في جزء من الأرباح المترتبة عن بيعها.

shareholder
مساهم، حامل السهم

shareholder's equity
حقوق المساهمين، حقوق ملكية حملة الأسهم

shares authorized
الأسهم المصرح بها، - المرخص بها

shareware *(computer)*
برامج مجانية عند المحاولة (كمبيوتر)

shark repellent
إجراء مُنفر (تتخذه الشركة لإبعاد الراغبين في الاستيلاء عليها)

shark watcher
شخص متخصص توظفه شركات للكشف المبكر عن الجهات الراغبة في الاستيلاء أو السيطرة عليها

sheet feeder *(computer)*
ملقم الورق (كمبيوتر)

shell corporation
شركة تبدو أكبر من حجمها الفعلي، شركة تؤسس لتغطية تهرب ضريبي

shift
تحول، انتقال، نوبة عمل، وردية

shift differential
علاوة المناوبة

shift key *(computer)*
مفتاح الانتقال الذي يسمح بوظائف متعددة لكل زر في لوحة المفاتيح (كمبيوتر)

shift lock *(computer)*
غلق الانتقال (كمبيوتر)

shop
متجر، محل، ورشة، يتسوق

shopper
متسوق

shopping service
خدمة التسوق، خدمة الشراء

short bond
سند قصير الأجل

short covering
تغطية قصيرة (على المكشوف)

short form
النموذج المختصر

short interest
الفائدة على الودائع قصيرة الأجل، الاهتمام في صفقات البيع على المكشوف

short position
مركز قصير (بيع الورقة أولاً ثم إعادة شرائها عندما ينخفض سعرها عن المستوى الذي بيعت به)

short squeeze
ارتفاع حاد وقصير الأجل في الأسعار

short term
المدى القصير، أجل قصير

shortfall
عجز، نقص، قصور

short-sale rule
قاعدة البيع على المكشوف

short-term capital gain (loss)
مكاسب (خسارة) رأس المال قصيرة الأجل

short-term debt or short-term liability
ديون قصيرة الأجل أو التزامات خصوم (قصيرة الأجل)

shrinkage
انكماش، تقلص

shut down *(computer)*
إغلاق (كمبيوتر)

shutdown
إغلاق، تجميد النشاط

sight draft
سحب بالإطلاع، حوالة بالإطلاع

sign off *(computer)*
إشارة قطع الاتصال، خروج، إنهاء التشغيل (كمبيوتر)

sign on *(computer)*
إشارة وصل أو بدأ الاتصال (كمبيوتر)

silent partner
شريك موص

silver standard
قاعدة الفضة، عيار الفضة

SIMM (single in-line memory module) *(computer)*
وحدة ذاكرة الخط المفرد (شريحة أو بطاقة تتيح ذاكرة الوصول العشوائية للكمبيوتر) (كمبيوتر)

simple interest
الفائدة البسيطة

simple trust
ائتمان بسيط، شركة بسيطة

simple yield
عائد بسيط

simulation
محاكاة، اصطناع، صورية

single premium life insurance
تأمين على الحياة بقسط تأمين واحد

single-entry bookeeping
مسك الدفاتر بطريقة القيد المفرد

sinking fund
صندوق إطفاء الدين، رصيد مجمع أو متراكم، مخصص للاستهلاك

sit-down strike
اعتصام في مجال العمل، إضراب في محل العمل، إضراب مع ملازمة مكان العمل

site
موقع، مكان، أرض

site audit
مراجعة أو تدقيق بالموقع

skill intensive
كثيف المهارة

skill obsolescence
إهمال المهارات

slack
متباطئ، ضعيف، راكد، كاسد

slander
افتراء، قذف، قذف شفهي، يفتري، يقذف

sleeper
ورقة راكدة (ورقة مالية للمستثمرين أدنى قدر من الاهتمام فيها ولكن ثمة احتمالات كبيرة لرواجها في المستقبل)

sleeping beauty
سهم منتعش (سهم كان سعره أدنى من قيمته الفعلية سجل فجأة ارتفاعاً حاداً)

slowdown
بطء

slump
انحسار النشاط الاقتصادي، أزمة اقتصادية، ركود حاد طويل الأجل، انتكاسة

small business
المشروعات أو المؤسسات الصغيرة

small investor
مستثمر صغير

smoke clause
شرط التدخين

smokestack industry
صناعة بطيئة النمو

snowballing
يضاعف بسرعة، يتضاعف بسرعة، سريع

social insurance
تأمين اجتماعي، ضمان اجتماعي

social responsibility
المسئولية الاجتماعية

socialism
الاشتراكية، النظام الاشتراكي

socially conscious investor
مستثمر في أنشطة تفيد المجتمع ولا تضر به (كالتلوث مثلاً)

soft currency
عملة ضعيفة

soft goods
سلع استهلاكية غير معمرة،
سلع رخيصة (سريعة التلف)،
أقمشة، منسوجات

soft market
سوق ضعيفة (العرض فيها
أكثر من الطلب)، سوق
المشتري

soft money
عملة هشة، أموال معفاة من
الضرائب، عملة سهلة التداول،
عملة ضعيفة

soft spot
نقطة ضعف، موطن ضعف

soil bank
أراضي تربتها آخذة في
التحسن، تحسن التربة

sole proprietorship
الملكية الفردية

solvency
الملاءة، القدرة على الدفع

source
المنبع، المصدر

source evaluation
تقييم المصدر

source worksheet
(computer)
ملف بيانات المصدر (كمبيوتر)

sources of funds
مصادر الأموال

sovereign risk
مخاطر سيادية (مخاطر تقصير
الدولة في سداد ديونها أو الوفاء
بتعهداتها)

space bar
(computer)
المسطرة، زر يعمل على إيجاد
فواصل أو مسافات (كمبيوتر)

spamming (computer)
إرسال رسائل عدة غير
مرغوب فيها لكثير من الأفراد
(كمبيوتر)

span of control
مدى الرقابة، نطاق الرقابة،
مجال التحكم لوحدة قياس

special agent
وكيل خاص

special assignment
تخصيص أو تنازل خاص

special delivery
تسليم بالبريد السريع، خدمة
(بريدية)خاصة

special drawing rights (SDR)
حقوق السحب الخاصة

special handling
معالجة أو معاملة خاصة

special purchase
شراء خاص

special situation
وضع خاص، حالة خاصة

special warranty deed
سند ضمان خاص

specialist
أخصائي، متخصص

specialty advertising
إعلان متخصص

specialty goods
سلع خاصة

specialty retailer
تاجر تجزئة للسلع الخاصة

specialty selling
بيع السلع الخاصة

specialty shop
متجر لبيع السلع الخاصة

special-use permit
تصريح الاستخدام الخاص

specie
مسكوكات من معادن ثمينة

specific identification
تعريف أو تمييز خاص

specific performance
نفاذ عيني أو نفاذ (تعاقد)، أداء
خاص

specific subsidy
منح أو إعانة محددة أو عينية

specification
مواصفات، شروط، تحديد،
تعيين

speculative risk
مخاطر المضاربة

speech recognition
(computer)
تمييز الكلام (كمبيوتر)

speedup
تعجيل (الإنتاج)

spell checker
(computer)
المصحح الإملائي (كمبيوتر)

spending money
إنفاق الأموال

spendthrift trust
أمانة لمنع التبذير

spider chart
(computer)
تخطيط عنكبوتي (كمبيوتر)

spillover
آثار جانبية، آثار غير مباشرة

spin-off
تحويل جزء من موجودات
شركة قائمة إلى شركة جديدة

splintered authority
سلطة مهمشة

split
تجزئة الأسهم، تجزئة، تقسيم،
يجزئ، يقسم، مجزأ

split commission
تقاسم العمولة

split shift
نوبة عمل مجزأة

spokesperson
المتحدث أو الناطق الرسمي،
الناطق أو المتحدث بلسان

sponsor
راع، كفيل، مؤسس

spot check
تدقيق الشيئ بالعينة (بإتخاذ
مواضع نموذجية يستدل بها
علي المجموع)

spot commodity
سلعة تباع في سوق البضاعة
الحاضرة

spot delivery
month
اقرب شهر تسليم بموجب عقد
مستقبلي

spot market
سو ق البضاعة الحاضرة،
السوق الفورية

spot price
السعر الفوري أو النقدي

spot zoning
تقسيم فوري للمناطق

spread
هامش الربح، الفرق بين سعر
الشراء والبيع، انتشار، المدى
النطاق

spread sheet
لوحة جدولية (أي برنامج
يجري فيه حسابات على بيانات
رقمية مصفوفة بشكل جداول)

spreading agreement
اتفاقية توزيع أو تقسيم، عقد
توزيع أو تقسيم

squatter's rights
حقوق واضع اليد

squeeze

ضغط، فترة الضغط، أزمة، كبح العرض لرفع الأسعار

stabilization

استقرار، تحقيق الاستقرار

stacked column chart (computer)

خريطة أعمدة بيانية حسب ترتيب دخلها في الحاسب (كمبيوتر)

staggered election

انتخاب متتالي

staggering maturities

آجال استحقاق متدرجة

stagnation

ركود

stake

حصة

stand-alone system

نظام مستقل

standard

عيار، نمط، وحدة قياس، معيار، قياسي، نمطي

standard cost

الكلفة المعيارية (النموذجية)

standard deduction

اقتطاع أو خصم معياري

standard deviation

الانحراف القياسي (المعياري)

standard industrial classification (SIC) system

نظام التصنيف الصناعي القياسي

standard of living

مستوى المعيشة

standard time

الوقت المعياري أو القياسي (التوقيت الرسمي بالولايات المتحدة)

standard wage rate

معدل الأجور المعياري

standby (computer)

احتياطي، بديل، في الانتظار (كمبيوتر)

standby fee

رسوم احتياطية

standby loan

قرض احتياطي

standing order

أمر دفع مستديم، أمر مستديم

staple stock

أسهم مزدوجة (أسهم شركتين تحت إدارة واحدة وتباع معاً كوحدة)

start-up

مشروع جديد أو مبتدئ – الاستثمار في شركة مؤسسة حديثاً

start-up screen (computer)

شاشة الانطلاق أو بداية التشغيل (كمبيوتر)

stated value

القيمة المصرح بها

statement

بيان، كشف حساب، نص، حكم، تقرير، تصريح

statement of affairs

بيان الأوضاع (المالية)

statement of condition

بيان الحالة (المالية)، مركز مالي يومي

statement of partners’ capital

بيان رأسمال الشركاء

static analysis

تحليل استاتيكي

static budget

موازنة ثابتة

static risk

مخاطر ثابتة

statistic

إحصائي

statistical inference

استدلال إحصائي، استقراء
إحصائي

statistical sampling

معاينة إحصائية

statistically significant

مهم إحصائياً

statistics

إحصائيات، علم الإحصاء

status

وضع، حالة، ظرف، مركز،
مكانة

status bar
(computer)

شريط الوضع أو الحالة
(كمبيوتر)

status symbol

رمز الحالة

statute

قانون، نظام أساسي

statute of frauds

قانون منع الاحتيال

statute of limitations

القانون المنظم للتقادم، قانون
التقادم

statutory audit

تدقيق قانوني

statutory merger

دمج قانوني (لشركتين)

statutory notice

تقادم قانوني، مدة قانونية

statutory voting

تصويت أو اقتراع قانوني

staying power

القدرة على الاحتفاظ (قدرة
المستثمر على الاحتفاظ
باستثمارات هبط سعرها)

steady-growth method

طريقة النمو الثابت

steering

إدارة، قيادة

stepped-up basis

أساس قوي أو متدرج

stipend, stipendiary

مرتب، راتب، معاش، معين

stipulation

شرط، نص، بند، اتفاق

stochastic

تقلبات لا يمكن التكهن بها،
احتمالي

stock

سهم، مخزون، يخزن، يكدس،
ورقة مالية

stock certificate

شهادة أسهم

stock dividend

توزيعات سهمية، أرباح في
أسهم، أرباح موزعة في شكل
أسهم

stock exchange

سوق الأوراق المالية، البورصة

stock index future

مستقبل مؤشرات الأسهم

stock insurance
company

شركة تأمين مساهمة

stock jobbing

سمسرة الأوراق المالية

stock ledger

سجل المساهمين، سجل الأسهم،
دفتر أستاذ حسابات المساهمين

stock market

سوق الأوراق المالية

stock option

خيار شراء أو بيع أوراق مالية،
خيار الأسهم

stock record

سجل الأسهم

stock symbol
رمز السهم
stock turnover
دوران المخزون، دوران
البضائع
stockbroker
سمسار أسهم، سمسار أوراق
مالية
stockholder
مساهم، حامل السهم
stockholder of record
المساهم المسجل
**stockholder's
derivative action**
دعوى المساهم المشتقة
**stockholder's
equity**
حقوق المساهمين
stockout cost
تكلفة نفاد المخزن
stockpile
المخزون الاحتياطي، يخزن
احتياطي
stockpower
توكيل شراء أو بيع أسهم،
تفويض ببيع الأوراق المالية
stockroom
مخزن، مستودع
stonewalling
إعاقة، تأخير
stool pigeon
جاسوس، عميل
stop clause
شرط التوقف
stop order
أمر التوقف
stop payment
وقف الصرف أو الدفع
**stop-loss
reinsurance**
مقاومة تجنب الخسارة

store
مخزن، مستودع، يخزن، محل
تجاري
store brand
منتج يحمل اسم المتجر بدلاً من
العلامة التجارية للصانع
straddle
مضاربة مختلطة، عملية
خيارية مركبة
straight bill of lading
وثيقة شحن إسمية أو مباشرة
(غير قابلة للتداول)، -
شخصية، -معززة
straight time
ساعات العمل غير متضمنة
الوقت الإضافي
**straight-line method of
depreciation**
طريقة إهلاك بالقسط الثابت،
طريقة استهلاك الخط المستقيم
**straight-line
production**
إنتاج ثابت، إنتاج الخط المستقيم
straphanger
الراكب الواقف في سيارات
النقل العام
strategic planning
تخطيط استراتيجي
strategy
استراتيجية
**stratified random
sampling**
المعاينة الطبقية العشوائية
straw boss
رئيس عمل لا وزن له
straw man
رجل عديم الإرادة
street name
باسم شركة وساطة، أسهم
السمسار القائم بالشراء

stretchout
زيادة أعباء العمل، تحديد أجل
استحقاق الدين

strike
إضراب، ضرب، توقف،
يتوقف

strike benefits
فوائد الإضراب

strike notice
إخطار الإضراب

strike pay
إعانة الإضراب

strike price
سعر التنفيذ، سعر تنفيذ خيار
شراء أو بيع

strike vote
صوت الإضراب

strikebreaker
مفسد الإضراب

strip
شريحة، عار

structural employment
عمالة هيكلية

structural inflation
تضخم هيكلي

structure
هيكل، أسلوب تنظيم، بنية

subcontractor
مقاول أو متعاقد من الباطن

subdirectory
(computer)
الدليل الفرعي، جزء من الدليل
حول وحدة التخزين المغنطيسي
مثل القرص الصلب (كمبيوتر)

subdivider
مقسم ثانية إلى أجزاء اصغر

subdividing
تقسيم ثانية إلى أجزاء اصغر

subdivision
تقسيم فرعي، قسم فرعي

subject to mortgage
خاضع للرهن

sublease
عقد إجارة من الباطن

sublet
أجر من الباطن، أعاد التأجير

subliminal
advertising
الإعلان اللاشعوري

submarginal
أدنى من الحد الأدنى

suboptimize
يعيد جعله أقرب ما يكون إلى
الكمال

subordinate debt
دين ثانوي

subordinated
ثانوي، تابع

subordination
خضوع، تبعية

subpoena
مذكرة إحضار، مثول، تكليف
بالحضور، يستدعي للمثول أمام
المحكمة

subrogation
حلول

subroutine
الروتينات الفرعية، برنامج
فرعي مستقل

subscript (computer)
رمز، رمز سفلي، رقم يكتب
أسفل حرف (كمبيوتر)

subscripted variable
متغير ذو رمز سفلي

subscription
اكتتاب، اشتراك

subscription price
سعر الاكتتاب

subscription privilege
امتياز الاكتتاب

subscription right
حق الاكتتاب
subsequent event
حدث تال أو تابع
subsidiary
شركة فرعية، فرعي، مساعد، تابع ، احتياطي
subsidiary company
شركة تابعة
subsidiary ledger
دفتر أستاذ مساعد
subsidy
إعانة، دعم، منحة
subsistence
عيش الكفاف، وجود، بقاء، إعاشة
substitution
إبدال، استبدال، إحلال
substitution effect
اثر الإحلال
substitution law
قانون الإحلال
substitution slope
انحدار أو ميل الإحلال
subtenant
مستأجر من الباطن
subtotal
مجموع جزئي، مجموع فرعي
suggested retail price
السعر المقترح للبيع بالتجزئة
suggestion system
نظام الاقتراحات
suicide clause
شرط الانتحار
suite *(computer)*
مجموعة برامج وثيقة الترابط (كمبيوتر)
summons
طلب حضور، إخطار بالحضور، استدعاء مستعجل، إنذار رسمي
sunset industry
صناعة بطيئة النمو أو آفلة
sunset provision
حكم أو شرط انتهاء فترة سريان العقد
super now account
حساب يعرض معدل فائدة أعلى من حساب الوقت الحاضر ولكن بفائدة أقل من فائدة حساب سوق المال
super sinker bond
سندات ذات فوائد طويلة الأجل ولكنها وشيكة الاستحقاق
superintendent
مراقب، مشرف عام
supermarket
متجر كبير، سوبر ماركت
supersaver fare
رسم التذكرة (تذكرة طائرة أرخص من السعر العادي ولا بد من شرائها قبل وقت محدد من تاريخ السفر)
superscript *(computer)*
نص فوقي (كمبيوتر)
superstore
متجر ضخم
supplemental agreement
اتفاقية تكميلية
supplier
المُورد
supply
العرض، يورد، يزود، يمد، يموِّن
supply price
سعر العرض
supply-side economics
اقتصاد الإنتاج (سياسة اقتصادية تعزز الأوضاع التي تلائم منتجي السلع والخدمات)

support level

مستوى الدعم

surcharge

رسم إضافي

surety bond

ضمان، سند ضمان، سند كفالة،
تأمين

surge protector
(computer)

آلة وقاية من التغير المفاجئ
للتيار (كمبيوتر)

surplus

فائض

surrender

يتخلى، يتنازل، يستسلم، تخلي،
تنازل

surrender, life
insurance

تنازل عن التأمين مدى الحياة

surtax

ضريبة إضافية

survey

مسح، دراسة استطلاعية،
مساحة أراضي، يمسح، يعاين،
يفحص

survey area

منطقة المعاينة

surveyor

مشرف، مراقب، خبير معاينة

survivorship

خلافة، بقاء على قيد الحياة

suspended trading

تجارة معلقة

suspense account

حساب معلق

suspension

تعليق، وقف عن العمل، إيقاف
تنفيذ، إرجاء، تأخير

swap

مقايضة، مبادلة

sweat equity

أسهم أو حقوق تكتسب بحكم
الإسهام في العمل (عمل مقابل
الحصول على حقوق الملكية)

sweatshop

منشأة مُرْهِقة

sweepstakes

يا نصيب، ضرب من المراهنة
على الخيل يكسب فيه الرابح
مجموع الأموال المراهن بها أو
معظمها، مسابقة

sweetener

حافز استثمار، عنصر اجتذاب
وزيادة الإقبال، مُرغب شراء
ورقة مالية أو الاكتتاب فيها

swing shift

نوبة المساء

switching

تبديل، استبدال، مراجحة،
تحويل

symbol bar (computer)

شريط الرموز (كمبيوتر)

sympathetic strike

إضراب تضامني، تعاطفي

syndicate

نقابة، اتحاد، رابطة

syndication

تجمع مصرفي

syndicator

نقابي

synergy

تضافر الجهود، تآزر، تداؤب

system (computer)

نظام، منظومة (كمبيوتر)

system administrator
(computer)

مدير المنظومة (المسئول عن
إدارة استخدام منظومة الحاسب
بواسطة المستخدمين)
(كمبيوتر)

systematic risk
مخاطر تقليدية تخص السندات

systematic sampling
معاينة منظمة

T

T statistic
طريقة إحصاء مبنية على اختبار فرضية الإبطال

tab key *(computer)*
مفتاح القفز (يستخدم لتحريك المؤشر إلى موقع معين) (كمبيوتر)

table column *(computer)*
عمود الجدول (كمبيوتر)

table field *(computer)*
نطاق الجدول (كمبيوتر)

T-account
أساس دفتر اليومية في المحاسبة

tactic
تكتيكي

tag sale
بيع الأشياء القديمة (المفردات المنزلية المستخدمة)

take
استلام، تسلم

take a bath, take a beating
تكبد خسائر فادحة، أضاع ماله

take a flier
يضارب، يقوم باستثمار محفوف بالمخاطر

take a position
يتخذ موقعاً (في البورصة)

take-home pay
مرتب صاف، صافي الأجر (أو المرتب)

takeoff
انطلاق (اقتصادي)، إقلاع الطائرة

take-out loan, take-out financing
قرض مستديم لمشروع لإخراج مقرض مؤقت، تمويل مستديم لمشروع لإخراج مقرض مؤقت

takeover
استيلاء، سيطرة

taking
استلام، أخذ

taking delivery
تسلم، استلام، استلام الأوراق المالية

taking inventory
إجراء جرد

tally
مطابقة، عد، يدون، يسجل

tangible asset
أصول ملموسة، أصول مادية

tangible personal property
ممتلكات شخصية مادية

tank car
شاحنة صهريجية

tape
شريط

target audience
الجمهور المستهدف

target file *(computer)*
ملف هدف أو مستهدف (كمبيوتر)

target group index (TGI)
مؤشر المجموعة المستهدفه

target market
السوق المستهدفة

target price
السعر المستهدف
tariff
تعريفة، جدول الرسوم الجمركية
tariff war
حرب التعريفات الجمركية
task bar *(computer)*
شريط المهام (كمبيوتر)
task force
فريق عمل، قوة عمل
task group
مجموعة عمل
task list *(computer)*
قائمة المهام (كمبيوتر)
task management
الإدارة المعنية بالمهام الوظيفية، إدارة المهام
task manager *(computer)*
مدير المهمات (يتولى إدارة مجموعة الوظائف في برنامج تحكمي لتنظيم استخدام موارد النظام) (كمبيوتر)
tax
ضريبة، رسم، إتاوة، يفرض ضريبة
tax abatement
خفض أو تخفيض الضريبة
tax and loan account
حساب القروض والضرائب
tax anticipation bill (TAB)
أذون خزانة تسدد من ضرائب متوقعة
tax anticipation note (TAN)
سندات بلديات متوسطة الأجل تعرض عادة بخصم وتخصص حصيلة الضرائب لسدادها عند استحقاقها
tax base
وعاء الضريبة
tax bracket
شريحة الضريبة
tax credit
خصم ضريبي، إعفاء ضريبي
tax deductible
قابل للخصم الضريبي
tax deduction
خصم الضريبة
tax deed
عقد ملكية عقار بيع لاستيفاء ضرائبه
tax deferred
ضريبة مؤجلة
tax evasion
التهرب الضريبي
tax foreclosure
الحجز على أملاك وبيعها من قبل السلطات لاستيفاء ما عليها من ضرائب
tax impact
أثر الضريبة
tax incentive
حافز ضريبي
tax incidence
عبء الضريبة، رجعية الضريبة
tax lien
حق الحجز لاستيفاء الضريبة
tax loss carryback (carryforward)
ميزة ضريبية تسمح لدافع الضريبة أن يرّحل الخسائر في الدخل من سنة الي أخرى لتخفيف الالتزامات الضريبية
tax map
خريطة توضح موقع الأملاك الخاضعة للضريبة
tax planning
التخطيط الضريبي

tax preference item
بند التفضيل الضريبي

tax rate
معدل الضريبة، نسبة الضريبة

tax return
كشف ضريبي، إقرار ضريبي

tax roll
كشف الضرائب، ملف الضريبة
المربوطة

tax sale
بيع لاستيفاء الضريبة

tax selling
بيع لاستيفاء الضريبة

tax shelter
ملجأ ضريبي

tax stop
وقف دفع الضريبة

tax straddle
توازن الأرباح والالتزامات
بهدف خفض الضريبة

tax wedge
تضييق أو ضغط ضريبي

taxable income
دخل خاضع للضريبة

taxable year
سنة ضريبية

taxation, interest on dividends
فرض أو تحديد ضريبة،
إخضاع للضريبة، فرض
الضرائب، الفائدة على أرباح
الأسهم

tax-exempt property
ممتلكات معفاة من الضرائب

tax-exempt security
ورقة مالية معفاة من الضرائب

tax-free exchange
صرف أو تبادل معفى من
الضرائب

taxpayer
المُكلف، دافع الضريبة، خاضع
للضريبة

team building
بناء فريق أو مجموعة عمل

team management
الإدارة الجماعية

teaser ad
إعلان جذاب يعرض شيء
مجاناً مثل الهدايا

teaser rate
سعر فائدة منخفض ومؤقت
على قرض عقاري بمعدل فائدة
متغير

technical analysis
التحليل الفني

technical rally
انتعاش ناشئ عن أسباب فنية،
ارتفاع فني

technological obsolescence
تقادم تكنولوجي

technological unemployment
بطالة تكنولوجية

technology
تقنية، التكنولوجيا، أساليب
علمية حديثة

telecommunications
الاتصالات السلكية واللاسلكية

telemarketing
التسويق من خلال الهاتف

telephone switching
تحويل تليفوني

template
قالب راسم، مسطرة رسم
رموز

tenancy
إيجارة، إيجار، حيازة

tenancy at sufferance
إيجار مخالف (يبقى المستأجر في العقار بعد انتهاء العقد بدون موافقة مالك العقار)

tenancy at will
استئجار رضائي

tenancy by the entirety
إيجار مشترك بين الزوجين (وعند وفاة أحد الزوجين يحل الآخر مكانه في الإيجار)

tenancy for years
إيجار لعدد من السنين

tenancy in common
ملكية مشتركة

tenancy in severalty
تملك فردي، أو بالحق المحض

tenant
مستأجر

tenant finish-out allowance
إعانة نقدية تمنح لمستأجر مكتب أو نحل لتغطية بعض التحسينات اللازمة لشغ المكتب أو المحل

tender
عطاء، يقدم عطاء، يعرض

tender of delivery
عطاء تسليم

tender offer
عرض شراء، عطاء بيع، عطاء شراء أسهم

tenure
حيازة، انتفاع بمكان، شغل وظيفة

tenure in land
حيازة عقارية

term
نهاية، أجل، شرط، مدة، فترة، مصطلح

term certificate
شهادة إيداع طويلة الأجل

term life insurance
تأمين لأجل مدى الحياة

term loan
قرض لأجل محدود

term, amortization
فترة إطفاء الدين

termination benefits
مزايا أو إعانة نهاية الخدمة

terms
شروط

test
اختبار، امتحان، تجربة

test market
اختبار السوق

test statistic
اختبار إحصائي

testament
وصية، عهد

testamentary trust
صندوق وصائي

testate
تارك وصية، موصى

testator
موص، مُخْتَبَر

testcheck
إثبات صحة بعض البنود المدرجة في حساب مالي حتي يستطيع المدقق أن يبدى رأيه بشأن دقة الحساب كله

testimonial
شهادة، دليل، متعلق بشهادة

testimonium
نص الإشهاد

text editing *(computer)*
تحرير النص (كمبيوتر)

text processing *(computer)*
معالجة النصوص (كمبيوتر)

text wrap *(computer)*
قدرة برامج معالجة النصوص على أن تضع كلمة على السطر التالي اوتوماتيكياً

thin market
سوق ضيقة فيها عدد قليل من البائعين والمشترين والتعامل فيها محدود

third market
السوق الثالثة (تتكون من بيوت السمسرة غير الأعضاء في السوق المنظمة، قطاع من السوق غير المنظمة)

third party
طرف ثالث، شخص ثالث، أجنبي

third-party check
شيك تم تظهيره مرتين

third-party sale
بيع بواسطة الغير (يتم بواسطة شركة تكون بمثابة وسيط بين البائع والمشتري)

threshold-point ordering
حد طلبات الشراء الأدنى للمخزون لتلبية الطلب المتوقع من العملاء.

thrift institution
مؤسسة ادخار وإقراض

thrifty
بنك ادخار

through rate
التكلفة الشاملة لشحن البضائع عند استخدام ناقلتين أو أكثر

tick
نقطة، ارتفاع أو هبوط طفيف في الأسعار، علامة صغيرة، يؤشر بعلامة

ticker
شريط الأسعار، تيكر، جهاز لتبليغ أسعار البورصة برقيا، مبرقة كاتبة

tie-in promotion
ترقية مشروطة

tight market
سوق ضيقة (الهامش بين أسعار البيع وأسعار الشراء ضيق)

tight money
ائتمان مقيد، نقود عزيزة (أو نادرة)، تقييد الائتمان، سياسة التقشف

tight ship
سفينة ضخمة (للإبحار في المياه العميقة)، طائرة أو مركبة فضائية

till
الصندوق، درج خزينة

time card
كشف ساعات عمل الموظفين

time deposit
وديعة لأجل، وديعة زمنية

time draft
كمبيالة لأجل، سند إذني لأجل

time is the essence
الوقت هو بيت القصيد

time management
إدارة الوقت

time series analysis
تحليل السلسلة الزمنية

time series data
بيانات السلسلة الزمنية

time value
القيمة الزمنية، إمكانية ارتفاع القيمة مع مرور الزمن

time-and-a-half
دفع مثل قيمة الأجر بمرة ونصف، وذلك كحافز للعامل

time-sharing
مشاركة زمنية (نظام التايم شير)

timetable
الجدول الزمني

tip
فكرة مفيدة عن شرا أوراق مالية أو بيعها، منحنى، هبة، إكرامية، بقشيش، استعلام

title
حق ملكية، سند، حجة، صك، مستند، عنوان

title bar
شريط العنوان

title bar *(computer)*
شريط العنوان (كمبيوتر)

title company
شركة ضمان حقوق الملكية

title defect
نقص في حق الملكية

title insurance
تأمين على حق الملكية

title report
تقرير حق الملكية

title screen *(computer)*
شاشة العنوان (كمبيوتر)

title search
تقصي حقوق الملكية

title theory
نظرية حقوق الملكية

toggle key *(computer)*
مفتاح التنقل(كمبيوتر)

tokenism
بذل جهد رمزي فقط للوفاء بمتطلبات القانون

toll
رسم مرور، مكوس، مكالمة هاتفية خارجية

tomsbtone ad
إعلان إصدار، نشرة الإصدار

toner cartridge *(computer)*
عبوة الحبر في الطابعة (كمبيوتر)

tool bar *(computer)*
شريط الأدوات (كمبيوتر)

tool box *(computer)*
صندوق الأدوات (كمبيوتر)

topping out
بدء هبوط الأسعار بعد ارتفاع

tort
خطأ، ضرر

total capitalization
الرسملة الإجمالية، راس المال الإجمالي، الهيكل الرأسمالي الكامل للشركة

total loss
خسارة كلية

total paid
مدفوع بالكامل

total volume
الحجم الكلي

touch screen *(computer)*
شاشة لمسية (كمبيوتر)

trace, tracer
اقتفى، تتبع، خطط، شف، مقتفي أثار

trackage
جر، سحب، مصارف الجر، شبكة خطوط السكة الحديد

trackball *(computer)*
كرة المسار (كمبيوتر)

tract
جهاز، قطعة أرض

trade
تجارة، معاملة تجارية، تبادل تجاري، مهنة، حرفة

trade acceptance
قبول تجاري، ورقة تجارية

trade advertising
إعلان تجاري

trade agreement
اتفاقية تجارية، اتفاق تجاري

trade barrier
حواجز التجارة

trade credit
ائتمان أو اعتماد تجاري
trade date
تاريخ الصفقة أو التعامل
trade deficit (surplus)
عجز تجاري (فائض)
trade fixture
قروض تجارية
trade magazine
مجلة تجارية
trade rate
معدل التجارة
trade secret
سر المهنة، سر التجارة
trade show
معرض تجاري
trade union
نقابة عمالية
trademark
علامة تجارية
trade-off
مبادلة، مقايضة، معاوضة، مقاصة
trader
تاجر، متاجر
trading authorization
توكيل أو تفويض بالتعامل
trading post
نقطة التعامل في صالة البورصة
trading range
نطاق أسعار التعامل، نطاق التعامل
trading stamp
إذن شراء، إذن استلام، طابع تجاري لترويج المبيعات
trading unit
وحدة التعامل، سعر التعامل
traditional economy
اقتصاد تقليدي
tramp
سفينة، شاحنة متجولة
transaction
صفقة، معاملة، عملية تجارية، تعامل، تداول
transaction cost
تكلفة المعاملة
transfer agent
وكيل نقل الملكية، مكتب نقل بالملكية
transfer development rights
حقوق وضع نقل الملكية
transfer payment
مدفوعات تحويلية
transfer price
سعر انتقال الملكية، السعر التحويلي البيني
transfer tax
ضريبة نقل الملكية
translate
ينقل، يترجم
transmit a virus *(computer)*
ينقل فيروس (كمبيوتر)
transmittal letter
خطاب إحالة
transnational
وراء الحدود القومية
transportation
النقل، نقل البضائع من مكان الآخر
treason
خيانة
treasurer
أمين المال، أمين الصندوق
tree diagram
رسم بياني على شكل شجرة
trend
الاتجاه العام لأسعار السوق، اتجاه، ميل، نزوع
trend chart *(computer)*
خريطة الاتجاهات (كمبيوتر)

trend line
خط الاتجاه

trespass
يتعدى على، تعد

trial and error
التجربة والخطأ

trial balance
ميزان المراجعة

trial offer
عرض تجريبي

trial subscriber
مشترك على سبيل التجربة

trigger point
نقطة بدء التدخل

trigger price
سعر التدخل (سعر يستدعي تدخل الحكومة واتخاذها لإجراءات حمائية)

triple-net lease
إيجار صافي (يقوم المستأجر بدفع كافة المصاريف بحيث يحصل المالك على الإيجار بشكل صافي)

Trojan horse
(computer)
حصان طروادة (كمبيوتر)

troubled debt restructuring
إعادة جدولة نشطة للديون وفقا لبيان معايير المحاسبة المالية رقم

troubleshooter
حلال المشاكل

troubleshooting
(computer)
حل المشاكل (كمبيوتر)

trough
قاع، حضيض

true lease
عقد إيجار صحيح

true to scale
(computer)
دقيق (كمبيوتر)

truncation
حذف أو قطع

trust
ثقة، ائتمان، اتحاد شركات إدارة أموال، يودع، يأتمن، يثق، أمانة، ثقة، ائتمان، اتحاد احتكاري

trust account
حساب ائتماني

trust certificate
شهادة ائتمان

trust company
شركة أمناء استثمار، شركة ائتمان

trust deed
عقد ائتماني، عقد إدارة أموال، عقد نقل ملكية إلى حارس

trust fund
صندوق ائتمان، صندوق أمناء استثمار، أموال ائتمان، حساب الأمانة، صندوق وصاية لصالح الدائنين أو المساهمين

trust, discretionary
حساب ائتمان تتم إدارته حسب تقدير البنك

trust, general management
إدارة الأمناء العامة

trustee
أمين، سنديك، وكيل، وصي، قيم، حارس

trustee in bankruptcy
وكيل تفليسة، السنديك، حارس قضائي

trustor
المستأمن

truth in lending act
الصدق في قانون الإقراض
(قانون يتطلب من المقرضين
الإفصاح كتابياً عن معدل الفائدة
السنوي على القرض والشروط
الأخرى)

turnkey
استثمار ضعيف الأداء (أوراق
مالية لا نفع منها للمستثمر)

turn off *(computer)*
إغلاق (كمبيوتر)

turn on *(computer)*
بدء التشغيل (كمبيوتر)

turnaround
انتعاش، تحول حاد وإيجابي في
أداء شركة أو السوق ككل،
أوراق مالية تباع وتشترى في
ذات اليوم

turnaround time
وقت دوري

turnkey
تسليم المفتاح

turnover
رقم الأعمال، إجمالي الحركة،
معدل الدوران، حجم الأعمال

twisting
استغلال الوسيط لثقة العملاء

two percent rule
قاعدة اثنين في المائة

two-tailed test
اختبار ثنائي الجهة أو غير
موجه (لفرضية)

tycoon
ملك من ملوك المال أو
الصحافة أو الصناعة

typeface
(computer)
وجه الطباعة، محرف (شكل
الحروف المطبوعة من قبل
طابعة خاصة) (كمبيوتر)

type-over mode
(computer)
نمط الكتابة فوق النص الموجود
(كمبيوتر)

U

umbrella liability
insurance
مظلة تأمينية ضد الالتزامات

unappropriated
retained earnings
أرباح محتجزة غير مخصصة

unbalanced growth
نمو غير متوازن

unbiased
estimator
مثمن أو خبير تثمين غير متحيز

uncollected funds
أموال غير محصلة أو قيد
التحصيل

uncollectible
غير قابل للتحصيل، مهلوك،
معدوم

unconsolidated
subsidiary
شركة تابعة لا ترد حساباتها في
الميزانية الموحدة

under the counter
بطريقة غير مشروعة

underapplied
overhead
مصروفات أو نفقات ثابتة
مخصصة بنسبة أقل مما يجب

undercapitalization
نقص رأس المال

underclass
الطبقة الدنيا، المعدمين

underemployed
عاطل جزئيا

underground
economy
اقتصاد سري

underinsured
يفتقر إلى تغطية تأمينية شاملة

underline
(computer)
يضع خط أسفل النص
(كمبيوتر)

underlying debt
دين أساسي أو له أولوية

underlying mortgage
رهن متمتع بالأسبقية، رهن
عقاري أول، رهن ممتاز

underlying security
ورقة مالية موضوع عقد خيار،
ورقة مالية محل العقد

underpay
يدفع أجراً منخفضاً

undervalued
أقل من القيمة، منخفض القيمة

underwriter
المؤمن، ضامن تغطية
الإصدار، المُتعهد

underwriting
spread
هامش تعهد الاكتتاب

undiscounted
غير قابل للخصم، غير خاضع
للخصم

undivided interest
حصة مشاع أو غير موزعة

undivided profit
أرباح غير موزعة

undue influence
تأثير غير مشروع

unearned discount
خصم مقدم، فوائد مدفوعة
مقدما، خصم غير مكتسب

unearned income
(revenue)
إيراد (دخل غير مكتسب)

unearned increment
الزيادة غير المكتسبة في قيمة
الأملاك

unearned interest
فوائد غير مكتسبة

unearned premium
قسط مدفوع مقدماً (تأمين)

unemployable
غير صالح للعمل

unemployed labor
force
قوى عاملة غير مستثمرة، أيدي
عاملة معطلة

unemployment
بطالة

unencumbered
property
ممتلكات غير مثقلة برهن أو
مطالبات

unexpired cost
التكلفة غير المنصرفة

unfair
competition
منافسة غير عادلة

unfavorable balance of
trade
ميزان تجاري بالسالب

unfreeze
يفرج، يزيل القيود

unified estate and gift
tax
ضريبة الهبات والتركات غير
الموحدة

unilateral contract
عقد من طرف واحد

unimproved property
ممتلكات غير محسنة أو نامية

unincorporated
association
جمعية فردية، أو غير مؤسسة
كشركة

unique impairment
أضعاف استثنائي، حرمان ،
تجريد

unissued stock
أسهم غير مصدرة، أسهم
مصرح بها ولم تصدر

unit
وحدة، مجموعة أخصائيين
البورصة

unit of trading
وحدة متاجرة

unitary elasticity
مرونة الوحدة

unit-labor cost
تكلفة عمالة الوحدة

units-of-production
method
طريقة وحدات الإنتاج

unity of command
وحدة إصدار الأوامر

universal life
insurance
تأمين عام على الحياة

universal product code
(UPC)
كود المنتج العام

unlisted security
ورقة مالية غير مدرجة أو غير
مسجلة

unloading
تفريغ، تخلص من أوراق مالية
أو سلع هبطت أسعارها تجنباً
لمزيد من الخسائر، بيع سلع
بسعر منخفض

unoccupancy
عدم الإشغال أو وضع يد

unpaid dividend
أرباح أسهم غير موزعة، أرباح معلنة ولم تدفع بعد

unrealized profit (loss)
ربح غير متحقق (خسارة)

unrecorded deed
صك أو عقد غير مسجل

unrecoverable
(computer)
غير قابل للاسترداد (كمبيوتر)

unrecovered cost
تكلفة غير مستردة

unsecured debt
دين غير مضمون

unwind a trade
يصفي معاملة سابقة (يبيع ورقة مالية سبق شراؤها)

up front
مقدماً، الدفع نقداً أو حالاً

up tick
ارتفاع السعر عن مستواه السابق (بورصة)

update (computer)
يحدّث، تحديث (كمبيوتر)

upgrade (computer)
يرفع درجة أداء الحاسب أو نظم التشغيل، يرفع إلى رتبة أو درجة أعلى (كمبيوتر)

upgrade software
(computer)
يطور البرمجيات أو البرامج، يرفع درجة أداء أو يحدّث البرامج (كمبيوتر)

upgrading
ارتقاء، تطوير، تحديث

upkeep
صيانة، حفظ

upload (computer)
تحميل (نقل معلومات من نظام مستخدم إلى جهاز حاسب بعيد (كمبيوتر)

upper case letter
(computer)
حرف علوى (علي لوحة مفاتيح) (كمبيوتر)

upright format
(computer)
تنسيق عمودي (كمبيوتر)

upside potential
طاقة متنامية

upswing
ارتفاع، انتعاش، حركة صاعدة، صعود

uptrend
تحسن الاتجاه العام لأسعار السوق، اتجاه صعودي، اتجاه نحو الارتفاع، ازدياد

upwardly mobile
متحرك أو منتقل لأعلى

urban
مدني، حضري، عمراني

urban renewal
تحديث عمراني أو حضري

useful life
العمر الإنتاجي

user
(computer)
مستخدم (كمبيوتر)

user authorization
(computer)
ترخيص للمستخدم (كمبيوتر)

user manual
(computer)
دليل المستخدم (كمبيوتر)

usufructuary right
حق الانتفاع

usury
الربا

utility
منفعة، منشأة ذات نفع عام

utility easement
حق ارتفاق أو استعمال المنشأة

V

vacancy rate
معدل المساكن الخالية، معدل
الخلو، ـالشغور
vacant
شاغر، خال
vacant land
عقار شاغر، أرض خالية أو
شاغرة
vacate
أخلى، ترك، ألغى، استقال
valid
صالح، نافذ، ساري المفعول،
قانوني
valuable
consideration
إعتبار ذو قيمة
valuable papers
(records) insurance
تأمين (السجلات) الأوراق
الثمينة، ـذات قيمة
valuation
تقييم، تقدير، تثمين
value date
تاريخ الاستحقاق، تاريخ
التسوية، تاريخ الحق
value in exchange
القيمة التبادلية
value line investment
survey
دراسة أو معاينة الاستثمارات
المجمعة
value-added tax
ضريبة القيمة المضافة
variable
متغير، عنصر متغير، متفاوت
variable annuity
دفعة سنوية متغيرة، سناهية
متحولة

variable cost
تكلفة متغيرة
variable interest rate
معدل فائدة متغير
variable life insurance
تأمين على الحياة متغير
variable pricing
تسعير متغير
variable-rate
mortgage (VRM)
قرض بمعدل فائدة متغير
variables sampling
معاينة المتغيرات
variance
تباين، انحراف، اختلاف
variety store
متجر متنوعات، بقالة
velocity
سرعة
vendee
مشتر، مبيع له
vendor
بائع
vendor's lien
حق البائع في حجز البضاعة
إلى حين استلام ثمنها
venture
مغامرة، مشروع، مخاطرة
venture capital
رأسمال مبادر أو مخاطر،
استثمار في مشروع جديد
venture team
فريق بدء المشروع وتنفيذه
verbations
حرفياً
vertical analysis
تحليل رأسي

vertical discount
خصم رأسي (خفض رسوم
الإعلان مقابل ظهوره مرات
عديدة متكررة)
vertical management
  structure
هيكل إدارة رأسي
vertical promotion
ترويج عمودي أو رأسي
vertical specialization
تخصص رأسي
vertical union
اتحاد رأسي، اتحاد صناعي
(اتحاد العمال في صناعة ما)
vested interest
مصالح مكتسبة، منفعة مقررة،
حق مكتسب
vesting
منح حقوق المعاش للعامل،
تملك
vicarious liability
مسئولية مدنية
vice-president
نائب الرئيس، نائب رئيس
قطاع، نائب مدير عام
video conference
  (computer)
المشاركة المرئية عبر دائرة
تليفزيونية مغلقة (كمبيوتر)
video graphics board
  (computer)
لوحة رسومات تليفزيونية
(كمبيوتر)
violation
انتهاك، اعتداء، اغتصاب
virtual memory
  (computer)
ذاكرة افتراضية (كمبيوتر)
visual interface
  (computer)
مواجهة بينية مرئية (كمبيوتر)

vocational guidance
توجيه مهني
voice mail (computer)
البريد الصوتي (كمبيوتر)
voice recognition
  (computer)
التعرف على الصوت
voidable
قابل للإبطال أو الإلغاء
volatile
متقلب، غير مستقر
volume
حجم، مجلد، كتاب، مستوى
volume discount
خصم الكمية، خصم على
المشتريات الكبيرة
volume merchandise
  allowance
احتياطي كمية البضائع
voluntary
  accumulation plan
نظام التضامن الطوعي
voluntary bankruptcy
إفلاس طوعي
voluntary conveyance
نقل أو استبدال طوعي
voluntary lien
رهن أو امتياز طوعي
voting right
حق التصويت
voting stock
أسهم لحامليها حق التصويت
voting trust
  certificate
شهادات نقل امتيازات التصويت
لأسهم شركة إلى القيم
voucher
قسيمة، إيصال، مستند قيد
حسابي، شهادة، مستند مؤيد
voucher register
سجل مستندات القيد

W

wage

أجر، أجرة، مرتب

wage assignment

التنازل عن الأجر

wage bracket

شريحة الأجور

wage ceiling

سقف الأجور، الحد الأعلى
للأجور

wage control

مراقبة الأجور، التحكم في
الأجور

wage floor

الحد الأدنى للأجور

wage freeze

تجميد الأجور

wage incentive

حافز أجري

wage rate

معدل الأجور

wage scale

سلم الأجور

wage stabilization

تثبيت الأجور، تحقيق استقرار
الأجور

wage-push inflation

تضخم ناشئ عن ارتفاع الأجور

waiver

تنازل طوعي، إعفاء، إسقاط،
استثناء، إبراء

walkout

إضراب عن العمل، يضرب
عن العمل

wallflower

أسهم لم تعد رائجة

wallpaper (computer)

خلفية شاشة (كمبيوتر) علي
شكل ورق الجدران

ware

سلع، بضائع، أصناف

warehouse

مخزن استيداع، مستودع

warm boot/start
(computer)

إعادة تحميل أو إعادة بدء نظام
تشغيل حاسب آلي بطريقة
بحيث يكون سريان التيار خلال
الأجزاء الصلبة غير منقطع
(كمبيوتر)

warranty

ضامن، كفالة، تعهد

warranty
deed

سند أ و عقد ضمان

warranty of
habitability

ضمان الصلاحية للسكن

warranty of
merchantability

ضمان القابلية للتسويق أو
الرواج

wash sale

بيع صوري

waste

تبديد، هدر، ضياع، نفايات،
فاقد، عادم، يبدد، يهدر

wasting asset

الأصل المتناقص

watch list

قائمة المراقبة، قائمة الأوراق
المالية الخاضعة للمراقبة

watered stock

أسهم انخفضت قيمتها، أسهم
مُميعة (لإخفاء انخفاض القيمة
الاسمية للأسهم)

waybill
كشف شحن ، قائمة بضائع مشحونة برًا

weak market
سوق ضعيفة

weakest link theory
نظرية أضعف ارتباط (سلسلة من الأحداث أو الأشياء تعتمد علي مساندة الكل)

wear and tear
الاهتلاك الناشئ عن الاستهلاك العادي

wearout factor
عامل فرط استعمال التسويق (نزعة تقنيات التسويق مثل الإعلان الذي يصبح عقيماً من خلال فرط استعماله)

web browser *(computer)*
متصفح ويب (كمبيوتر)

web server *(computer)*
ملقم ويب (كمبيوتر)

welfare state
دولة الرفاهة

when issued
عند الإصدار

whipsawed
يتعرض لخسارة مرتين في معاملة واحدة، خسر في عمليتي البيع والشراء

white goods
الأجهزة المنزلية، السلع المنزلية المصنوعة من الكتان

white knight
الفارس الأبيض (من يحبط محاولة استيلاء عدائي على شركة مستهدفة)

white paper
تقرير حكومي رسمي، تقرير معتمد، كتاب أبيض

whole life insurance
تأمين مدى الحياة

whole loan
قرض مستقل، قرض كامل (لا يمثل جزء من قرض مجمع)

wholesaler
تاجر جملة، بائع بالجملة

widget
أداة (جزء من آلة)، شيء، مفردة

widow-and-orphan stock
أسهم شركة جديرة بالثقة

wildcat drilling
تنقيب استكشافي عن البترول

wildcat strike
إضراب غير مشروع

will
وصية، يوصي

windfall profit
ربح غير متوقع، ارتفاع مفاجئ في قيمة استثمار

winding up
تصفية شركة

window
شباك، نافذة، واجهة، نافذة عرض

window *(computer)*
نافذة (كمبيوتر)

window dressing
تبرج (إظهار المركز المالي لمؤسسة بشكل أفضل مما هو عليه فعلاً)، ترتيب نافذة المعروضات، إعطاء صورة غير حقيقية عن الوضع المالي للشركة، فن العرض، عملية تحسين، تحريف الحقائق المالية

windows application *(computer)*
تطبيق وندوز (كمبيوتر)

wipeout
فقد كل ما يملك

wire house
أية شركة كبيرة عضو في
البورصة
withdrawal
سحب (عملة)، رفع (حجز)
withdrawal plan
خطة السحب من حصيلة قرض
withholding
احتجاز، حجز، حبس، اقتطاع
withholding tax
ضريبة تقتطع عند المنبع
without recourse
بدون حق الرجوع
wizard (computer)
معالج (كمبيوتر)
word processing
(computer)
معالجة الكلمات، معالجة
النصوص (كمبيوتر)
word wrapping
(computer)
قدرة برامج معالجة الكلمات
على أن تضع كلمة على السطر
التالي اوتوماتيكياً (كمبيوتر)
work force
قوة العمل، فريق عمل
work in progress
عمل تحت أو قيد التنفيذ، أعمال
تحت التنفيذ
work order
أمر شغل
work permit
تصريح عمل
work simplification
تبسيط العمل
work station
مركز إنتاج
work stoppage
توقف العمل
work week
أسبوع العمل

working capital
رأس المال العامل، أصول
متداولة
workload
عبء العمل، حمل العمل
workout
اختبار القدرة، ترتيب إعادة
جدولة الديون
worksheet
كشف واجبات الوظيفة
worksheet
(computer)
ورقة عمل (كمبيوتر)
World Bank
البنك الدولي
world wide web
(www) (computer)
شبكة المعلومات الدولية
(كمبيوتر)
worm (computer)
يشير لنوع من قرص الذاكرة
الضوئية والذي يمكن كتابته
مرة واحدة فقط ولا يمكن مسحه
أو إعادة اتساقه (كمبيوتر)
worth
القيمة، ثمن، تركة، يساوي،
يستحق
wraparound mortgage
إضافة قرض عقاري أكبر
حجماً إلى قرض راهن أقل
حجماً.
wraparound type
(computer)
أحد وظائف برامج معالجة
الكلمات المتمثلة في قدرتها على
أن تضع كلمة على السطر
التالي اوتوماتيكياً عند انتهاء
السطر (كمبيوتر)
writ
طلب حضور أمام المحكمة،
أمر قضائي، أمر حضور

writ of error
أمر محكمة الاستئناف بتصحيح خطأ

write error
(computer)
خطأ كتابة (كمبيوتر)

write-protected
(computer)
غير قابل للتغير، عمل مستخدم أو مصنّع لمنع المسح أو الكتابة على برنامج أو بيانات (كمبيوتر)

written-down value
القيمة الدفترية

XYZ

x-coordinate *(computer)*
الإحداثي السيني (كمبيوتر)

y-coordinate *(computer)*
الإحداثي الصادي (كمبيوتر)

year-end
آخر السنة، السنة المالية

year-end dividend
ربح السهم في آخر السنة

year-to-date (YTD)
الفترة من 1 يناير حتى تاريخه

yellow dog contract
عقد عمل لا يحترم الشعارات النقابية (يوافق العامل فيه على عدم الانضمام للنقابة أثناء عمله)

yellow goods
سلع ردئية

yellow sheets
الأوراق الصفراء (قوائم أسعار سندات الشركات ينشرها المكتب الوطني لعروض البيع والشراء)

yield
عائد، مردود، غلة، محصول

yield curve
منحنى العائد

yield equivalence
تكافؤ العائد

yield spread
تباين العائد

yield to average life
العائد حتى متوسط عمر السند أو القرض

yield to call
العائد حتى تاريخ طلب استرداد القرض

yield-to-mature (YTM)
عائد عند الاستحقاق، العائد حتى تاريخ الاستحقاق النهائي

yo-yo stock
أسهم متقلبة الأسعار

z score
مقياس الإفلاس المحتمل (حساب مستمد من المعادلة المستخدمة للتنبؤ بما إذا كانت الشركة ستفلس في المستقبل القريب)

zero coupon bond
سند بلا فوائد ويباع بخصم

zero economic growth
انعدام النمو الاقتصادي

zero lot line
ضيق المساحات التي بين المباني

zero population growth (ZPG)
انعدام النمو السكاني

zero-base budgeting (ZBB)
موازنة من الصفر

zero-sum game
معادل، تعادل، لا ربح ولا خسارة، مباراة المجموع الصفري

zone of employment
منطقة عمل

zoning
التقسيم إلى مناطق، إخضاع
للتنظيم المدني
zoning map
خريطة توضح تقسيم المناطق

zoning ordinance
قرار من حكومة المدينة أو
المقاطعة يحدد كيفية استخدام
المباني في منطقة محددة
zoom function
(computer)
خاصية التصغير والتكبير
(كمبيوتر)

Order Form

Fax orders (Send this form): (301) 424-2518.
Telephone orders: Call 1(800) 822-3213 (in Maryland: (301)424-7737)
E-mail orders: spbooks@aol.com or: books@schreiberpublishing.com
Mail orders to:
Schreiber Publishing, 51 Monroe St., Suite 101, Rockville MD 20850 USA

Please send the following books, programs, and/or a free catalog. I under-
stand that I may return any of them for a full refund, for any reason, no
questions asked:

The Translator's Handbook 5th Revised Edition - $25.95
Spanish Business Dictionary - Multicultural Spanish - $24.95
German Business Dictionary - $24.95
French (France and Canada) Business Dictionary - $24.95
Chinese Business Dictionary - $24.95
Japanese Business Dictionary - $24.95
Russian Business Dictionary - $24.95
Global Business Dictionary (English, French, German, Russian, Japanese, Chinese) - $33.95
Spanish Chemical and Pharamceutical Glossary - $29.95
The Translator's Self-Training Program (circle the language/s of your choice): Spanish French   German   Japanese   Chinese   Italian   Portuguese   Russian   Arabic   Hebrew - $69.00
The Translator's Self-Training Program Spanish Medical - $69.00
The Translator's Self-Training Program Spanish Legal - $69.00
The Translator's Self-Training Program - German Patents - $69.00
The Translator's Self-Training Program - Japanese Patents - $69.00
Multicultural Spanish Dictionary - How Spanish Differs from Country to Country - $24.95
American English Compendium 2nd Rev. Ed. - The "Odds and Ends" of American English Usage - $27.95
Dictionary of Medicine French/English - Over one million terms in medical terminology - $179.50

Name: _____

Address: _____

City: _____ State: _____ Zip: _____

Telephone: _____ e-mail: _____
Sales tax: Please add 5% sales tax in Maryland
Shipping (est.): $4 for the first book and $2 for each additional book
International: $9 for the first book, and $5 for each additional book
Payment: Cheque   Credit card: Visa   MasterCard

Card number: _____

Name on card: _____ Exp. Date: ___/___